Sasha Walleczek
mit Ewald Pint

Die Rezepte
aus den Abnehmkursen

Fotografiert von Julia Grandegger

UEBERREUTER

ISBN 978-3-8000-7535-5

Cover und grafische Gestaltung: Ursula Kothgasser, www.koco.at
Coverfoto, Fotos: © Julia Grandegger, www.happy-days-production.com
Make-up & Haare: Eva Maikisch, www.maiemy.com
Weitere Fotos: Therme Loipersdorf (S. 144 – 149);
www.fotolia.com: © Christian Jung (S. 5, S. 132) © ExQuisine (S. 8, S. 46, S. 60, S. 86, S. 102, S. 128), © Janusz Z. Kobylanski (S. 9, S. 90), © ostromec (S. 10, S. 64 , S. 110), © yamix (S. 11, S. 114, S. 142), © gudrun (S. 48), © Norman Chan (S. 50, S. 98), © HLPhoto (S. 52., S. 54), © gradt (S. 56, S. 108), © Franco Deriu (S. 58), © eyewave (S. 62), © Frog 974 (S. 66), © sundebo (S. 70), © Lichtmaler (S. 72), © pashabo (S. 74), © FocalPoint (S. 76), © felinda (S. 78, S. 159), © Thomas Francois (S. 80), © Natalie (S. 82), © picamaniac (S. 84), © Denis Dryashkin (S. 88, S. 138), © Le Do (S. 92), © Andreas F. (S. 96), © unpict (S. 100, S. 116, S. 140, S. 151), © Anna Chelnokova (S. 104), © Roman Ivaschenko (S. 106, S. 155), © TwilightArtPictures (S. 112), © Nika Novak (S. 118), © Leonid Nyshko (S. 122, S. 136, S. 160), © photocrew (S. 124), © gtranquillity (S. 126), © Elena Schweitzer (S. 130), © silencefoto (S. 134).

Druck: Ueberreuter Print, Korneuburg
7 6 5 4 3 2 1
Ueberreuter im Internet: www.ueberreuter.at

Seien Sie nie stolz darauf,

wie *wenig* Sie essen,

sondern immer nur, wie *gut* Sie essen.

Inhalt

Vorwort

Vorwort

Liebe Leserin, lieber Leser!

Wer gutes Essen liebt, für den ist die Steiermark ein echtes Paradies. Hier wachsen Pfirsiche im Garten, man kann die Maroni im Wald sammeln, auf den hohen Bergen grasen die Almochsen und die Schafe und liefern dadurch Fleisch in unvergleichlicher Qualität. Bio-Bauern bemühen sich hier um alte Schweinerassen, die artgerecht in großen Freigehegen gehalten werden, Sie können heimischen Fisch, herrliches Gemüse oder frische Pilze bekommen – die Vielfalt ist enorm, und wenn man weiß, wo man kauft, ist die Qualität Weltklasse.

Aber dies ist ein Buch übers Abnehmen und Ihr erster Gedanke war jetzt wahrscheinlich: »Ja, aber das darf ich ja alles nicht essen, ich muss ja verzichten, wenn ich abnehmen will.« Die gute Nachricht: Sie könnten nicht falscher liegen! Je länger ich meinen Beruf als Ernährungstherapeutin ausübe und mit je mehr Menschen ich zusammenarbeite, desto klarer wird mir, wie unglaublich wichtig die Qualität unserer Zutaten ist, aus denen wir unsere Mahlzeiten zubereiten. Es ist eben nicht egal, wie das Tier gehalten wurde, was es zu fressen bekam oder ob unser Gemüse unreif (oder reif) geerntet wurde, wie weit es transportiert und wie es gelagert wurde. Regionalität und Saisonalität sind nicht nur Schlagworte und gerade »in«, sie sind meiner Meinung nach ganz wesentlich – und in Zukunft wahrscheinlich überlebensnotwendig.

Die Therme Loipersdorf ist Österreichs größte Therme (mehr dazu auf S. 145) und hat vor einiger Zeit die Küche vollständig auf regionale und saisonale Zutaten umgestellt. Hier wird schonend und ausschließlich frisch gekocht, es gibt keine Geschmacksverstärker, Aromen oder Halbfertigprodukte, wie sonst in Großküchen üblich. Obwohl vie-

le Tausend Menschen verköstigt werden, wird der Kartoffelsalat hier frisch aus rohen Kartoffeln vom Bauern aus der Gegend zubereitet und nicht im Zehn-Liter-Kübel aus dem Gastronomiebedarf fertig angeliefert – alles wird von Hand zubereitet. Frische, Regionalität und Saisonalität werden nicht nur ernst genommen, sondern auch gelebt. Gerade deswegen passt die Therme Loipersdorf so perfekt zu meinen Konzepten. Daher haben wir im Jahr 2010 begonnen, Kurse zu verschiedenen Ernährungsthemen wie Abnehmen, Entschlacken und Entgiften oder »Essen gegen Stress« (Ernährungsstrategien für mehr Energie) anzubieten. Gleich im ersten Kurs haben die Teilnehmer nach den köstlichen Rezepten gefragt. Was lag da näher, als diese Rezepte zusammen mit Chefkoch Ewald Pint, der sie auf Basis der Walleczek-Methode entwickelt hat, auch für zu Hause anzubieten. In diesem, meinem fünften Buch fasse ich nicht nur alle wichtigen Grundsätze der Methode zusammen, sondern es gibt all die köstlichen Rezepte erstmals gesammelt, die Ewald Pint für meine Kurse in der Therme auf Basis meiner Methode entwickelt hat.

Die Rezeptideen stammen von Ewald – in enger Zusammenarbeit mit mir, damit die Gerichte nicht nur gut schmecken, sondern auch leicht zuzubereiten sind und hundertprozentig der Walleczek-Methode entsprechen.

Ewald Pint und ich wünschen guten Appetit!

Ihre

Wissen

Was Sie wissen sollten ...

Einleitung

Wissen Sie, was Ihr größtes Problem beim Essen ist?

Nein, nicht, was Sie jetzt denken. Denn Sie glauben vermutlich, Sie wüssten eigentlich, was Sie essen sollten, aber Ihnen fehle die Disziplin und daher essen Sie zu viel vom Falschen.

Ich dagegen behaupte, dass Sie sehr wenig Ahnung davon haben, was Sie eigentlich essen müssten – und mit Disziplin hat das alles glücklicherweise nichts zu tun. Ich kenne niemanden, der wirklich diszipliniert ist. Falls es so jemanden geben sollte, ist er mir auf jeden Fall noch nicht begegnet, meine Kursteilnehmer und ich gehören sicher nicht dazu. Dazu essen wir einfach zu gerne.

Essen ist mehr als nur die Aufnahme von Nährstoffen. Essen ist immer auch ein soziales Ereignis, ein Ausdruck unserer Kultur, hat mit Familie, Freunden und Emotionen zu tun. Wir essen an Feiertagen, vor dem Fernseher oder aus Frust – aber niemand isst nur, damit er ausreichend von einem bestimmten Nährstoff bekommt.

Aber hier liegt das Problem: In dem Moment, in dem es darum geht, abzunehmen oder »gesünder leben« zu wollen, tun wir so, als würde gesunde Ernährung getrennt vom restlichen Leben stattfinden. Plötzlich soll es keine Rolle mehr spielen, was uns schmeckt oder was in unser Leben passt, sondern alle möglichen Einschränkungen werden in Kauf genommen nur um abzunehmen. Dabei ist es dann egal, ob man eigentlich viel unterwegs ist (und das »neue Essen« immer vorbereiten und mitnehmen müsste – aber wie lange halten Sie das durch?) oder kleine Kinder zu Hause hat und plötzlich mehrere Gerichte zu einer Mahlzeit kochen muss (weil natürlich die Kleinen die »Diätküche« nicht mitessen können). Und wenn man an diesem Konzept kläglich scheitert, weil es einfach nicht ins Leben passt, dann sind wir selber schuld – weil wir eben nicht diszipliniert genug sind.

Meiner Meinung nach braucht man jedoch nicht nur ein Ernährungskonzept, das ins Leben passt und bei dem auf persönliche Vorlieben und Geschmäcker Rücksicht genommen werden kann – egal ob man gerne oder überhaupt nicht selber kocht –, sondern vor allem geht es darum, zu lernen, richtig zu essen. Es ist immer wieder überraschend, zu sehen, wie wenig die meisten Menschen über Lebensmittel und Ernährung wissen. Selbst diejenigen, die sich mit dem Thema auseinandersetzen, sind selten in der Lage, sich eine Mahlzeit so zusammenzustellen, dass diese dafür sorgt, dass man den restlichen Tag ausreichend und gleichmäßig Energie hat.

Sobald es ums Abnehmen geht, sind wir bereit, mehr oder weniger sinnlose Einschränkungen in Kauf zu nehmen – z. B. bestimmte Abstände zwischen den Mahlzeiten einzuhalten, kein Essen zu oder nach bestimmten Uhrzeiten, das Weglassen ganzer Lebensmittelgruppen (Kohlenhydrate, Eiweiß, Fett ...) zu bestimmten Tageszeiten oder überhaupt gänzlich oder der allgemein beliebte Kalorienzählwahn. Aber egal ob Sie nun Punkte, Gramm oder Kalorien zählen sollen: Essen ist keine Buchhaltung. Ein solcher Ansatz, bei dem Sie vor jeder Mahlzeit erst zählen oder wiegen müssen, reduziert die Ernährung auf »Buchhaltung«. Dabei ist Essen doch weit mehr als das!

Neben Ernährungsplänen, die nicht in den jeweiligen Lebensalltag passen, und Ansätzen, die Essen auf »Buchhaltung« reduzieren, gibt es noch einen dritten Grund, warum viele Menschen scheitern: falsche oder falsch verstandene Information zur »richtigen Ernährung«. Gerade Menschen, die sich viel mit gesunder Ernährung beschäftigen, sitzen erstaunlicherweise oft Irrtümern auf: Da kommt die Angst vor den Kohlenhydraten zur Angst vor Fett, Salz, Eiern oder spätem Essen, dicht gefolgt von der Liebe zu Fruchtsäften oder Diätprodukten. Dann gibt es die Anhänger bestimmter »Wunderlebensmittel«, die alles ausgleichen sollen, was sie sonst falsch machen, nach dem Motto: Wenn man nur Agavendicksaft oder Stevia verwendet, darf man süßen so viel man will. (Dass diese Stoffe besonders schnell in Fett umgewandelt werden bzw. Ihren Geschmackssinn und Ihr Hungergefühl aus dem Gleichgewicht bringen können, steht leider nicht auf der Packung.)

Bei meinen Kursen gibt es für mich ein wichtiges Ziel – und das ist nicht vornehmlich, Ihnen zu Ihrer Traumfigur zu verhelfen. Denn abnehmen werden Sie sozusagen nebenbei – das geht mit der Walleczek-Methode ganz leicht und fast automatisch. Nein, mein wichtigstes Ziel ist, in nur drei Tagen Ihre Einstellung zum Essen zu revolutionieren. Ich möchte, dass jeder Teilnehmer nach diesen drei Tagen nie wieder so über Essen denkt wie vorher. Denn wenn es mir gelingt, Ihre Einstellung ein für alle Mal zu ändern und Ihnen damit all Ihre Schuldgefühle zu nehmen, die Sie mit sich herumschleppen, dann ist Abnehmen kein Problem mehr. Das ist der erste und wichtige Schritt.

Dann sorge ich nur noch dafür, dass die Mahlzeiten richtig zusammengestellt werden und gut schmecken (für Letzteres sorgt Ewald Pint in Loipersdorf verlässlich!). Dazu gibt es einige wichtige, aber ganz einfache Regeln, die sich überall umsetzen und ins Leben einbauen lassen – fertig! Diese Regeln sind schnell erklärt und hier im Buch zusammengefasst.

Aber für die »Gehirnwäsche«, damit Sie Heißhunger und Gier auf Süßes für immer abstellen können, damit Sie Ihr Sättigungsgefühl wiederfinden und problemlos an der (wirklich köstlichen!) Kuchentheke vorbeigehen können, sollten Sie vielleicht zu mir in die Kurse kommen. Ich verspreche Ihnen: Sie denken danach anders über Essen – und essen dadurch plötzlich anders, ohne jeden Druck und ohne Schuldgefühle. Und abnehmen werden Sie auch!

Die Walleczek-Methode basiert auf dem Grundsatz und dem festen Vertrauen, dass jeder Körper schlank und gesund sein will und dass dies der natürliche Zustand des Körpers wäre. Alles, was wir tun müssen, ist, dem Körper das zu geben, was er dazu braucht, dann wird er von allein sein Gleichgewicht finden. Wir können uns also erlauben, auf die Bedürfnisse unseres Körpers zu hören – was für meine Methode sehr wesentlich ist. Es ist nicht nur sinnlos, sondern sogar kontraproduktiv, den Körper zu irgendetwas zu zwingen, d. h. sich zu quälen oder zu hungern – dagegen wird sich der Körper sehr schnell wehren, und dann kann »der Schuss nach hinten losgehen«.

Die meisten Ernährungsprogramme arbeiten allerdings gegen den Körper, nicht mit ihm. Und genau das ist der Grund für den sogenannten Jojo-Effekt, bei dem Sie nach kurzer Zeit wieder alles zunehmen, was Sie vorher abgenommen haben. Das liegt dann nicht daran, dass Sie undiszipliniert sind (denn das sind wir sowieso alle), sondern daran, dass Sie gegen die natürlichen Bedürfnisse Ihres Körpers arbeiten. Sie werden sehen: Wenn Sie Ihrem Körper das geben, was er braucht, wird er von allein das überflüssige Gewicht »loslassen«.

Anfangs brauchen Sie ein paar Grundregeln, die dem Körper helfen, ins Gleichgewicht zu kommen, und die dafür sorgen, dass Heißhunger gar nicht erst entsteht. Später können Sie diese Regeln öfter mal brechen, ohne dass es größere Konsequenzen haben wird. Denn Ihr Körper wird Ihnen dann schon sagen, was für Sie persönlich funktioniert und was er braucht. Um der Natur des Menschen und seinen Bedürfnissen zu entsprechen, muss man erst einmal wissen, was der Mensch benötigt. Unser Körper ist für das 21. Jahrhundert eigentlich gar nicht gewappnet. Wir sind noch immer für die »Steinzeit« gebaut. Das beeinflusst, wie und wo wir Fett ansetzen, wie wir auf Süßes und Fettes reagieren und vieles andere mehr. In all meinen Ansätzen überlege ich mir immer, was der Natur des Menschen entsprechen würde. Was tun oder essen wir schon sehr lange, woran ist unser Körper gewöhnt?

Vieles, was wir heute als selbstverständlich betrachten, wie gesüßte Getränke oder Getreideprodukte in hoher Zahl, steht erst seit kurzer Zeit auf dem Speiseplan des Menschen. Einige Dinge, wie z. B. pflanzliche Öle oder Limonaden konsumieren wir in diesem Ausmaß überhaupt erst seit wenigen Jahrzehnten. Unser Körper hatte also noch gar keine Gelegenheit sich daran zu gewöhnen. Es würde den Rahmen dieses Kochbuches sprengen, auf alle Aspekte einzeln einzugehen, doch die wichtigsten Grundsätze sind auf den nächsten Seiten zusammengefasst. Wer mehr wissen will: Kommen Sie zu einem meiner Kurse in Loipersdorf. Dort werden wir ausreichend Zeit finden, alle Ihre Fragen in Ruhe zu beantworten.

Die wichtigsten Grundsätze

Ich bin davon überzeugt, dass Ihr Körper genau weiß, was er braucht. Wenn Sie nur essen würden, wie viel und was Ihr Körper Ihnen sagt, wären Sie optimal versorgt – und schlank. Aber – und das ist ein großes Aber – dies funktioniert nur, wenn Ihr Körper im Gleichgewicht ist. Was die meisten von Ihnen einfach nicht sind. Sie werden gebeutelt von Stress und Erschöpfung, von Heißhungerattacken und Lust auf Süßes. Sie haben keine Energie für Sport und glauben dabei, dass das die Lösung all Ihrer Probleme sei. Deswegen sind, bis die neue Form der Ernährung wortwörtlich in Fleisch und Blut übergegangen ist, ein paar wenige Regeln am Anfang hilfreich, die dafür sorgen, dass der Körper erstens alles bekommt, was er braucht, dass er zweitens gleichmäßig mit Energie versorgt wird und dass drittens Heißhungerattacken ein für alle Mal abgestellt werden.

Bei der Walleczek-Methode gibt es nur eine Handvoll Grundregeln, aber jede einzelne davon ist wesentlich. Die wichtigsten Regeln der Walleczek-Methode sind:

1. *Essen Sie öfter, dafür kleinere Mahlzeiten.*
2. *Hungern Sie nicht. Lassen Sie keine Mahlzeiten aus. Essen Sie immer, bis Sie satt, aber nicht voll sind.*
3. *Essen Sie zu jeder Mahlzeit (ein wenig) Eiweiß.*
4. *Bei den Hauptmahlzeiten gilt die Faustformel.*
5. *Versuchen Sie nicht, diese Methode zu »verbessern«, indem Sie sie mit Ihren eigenen zusätzlichen Regeln »optimieren«. Insbesondere Mahlzeiten auszulassen, wie das Abendessen, oder stärkehaltige Kohlenhydrate ganz wegzulassen, kann ausgesprochen kontraproduktiv sein.*

1. Essen Sie öfter, dafür kleinere Mahlzeiten.

Sie ähneln eher einem Gorilla als einem Löwen. Ein Löwe frisst nur einmal am Tag, schlägt sich dabei den Bauch voll und schläft ansonsten 18 bis 20 Stunden. Auch wenn das verlockend klingt: Dafür sind Sie nicht gebaut. Gorillas hingegen haben ein völlig anderes Verdauungssystem und verbringen viele Stunden am Tag mit der Nahrungsaufnahme. Sie schlafen vergleichsweise kurz. Uns Menschen geht es ebenfalls besser, wenn wir regelmäßige, kleinere Mahlzeiten zu uns nehmen. Dadurch wird vor allem unser Gehirn gleichmäßig mit Energie versorgt und Energietiefs und Heißhungerattacken werden verhindert.

Sollten Sie gehört haben, dass Sie mindestens fünf Stunden zwischen den Mahlzeiten warten müssen, so vergessen Sie das auf der Stelle. Abnehmen funktioniert auch,

wenn Sie öfter essen. Denken Sie daran: Sie wollen ja wieder ins Gleichgewicht kommen und auf die Zeichen Ihres Körper hören können. Hunger ist ein wichtiges Zeichen, dem Sie unbedingt nachgeben sollten – aber wie können Sie das, wenn Sie gezwungen sind, eine bestimmte Zeit zu warten, bis Sie wieder essen dürfen? Wie oft Sie essen, richtet sich nach Ihrem persönlichen Tagesablauf. Liegen mehr als drei oder vier Stunden zwischen zwei Mahlzeiten, sollten Sie auf jeden Fall eine kleine Zwischenmahlzeit einplanen. Wenn Sie also z. B. vor acht Uhr frühstücken und erst nach zwölf Uhr zu Mittag essen, dann sollten Sie etwa zwischen halb elf und elf Uhr eine Kleinigkeit essen. Wenn der Abstand zwischen Mittag- und Abendessen mehrere Stunden beträgt, z. B. zwischen 12.30 Uhr und 19.00 Uhr, ist es sogar empfehlenswert, zwei kleine Mahlzeiten zu essen (z. B. gegen 14.30 Uhr und noch einmal gegen 17.00 Uhr oder 17.30 Uhr).

In unseren Kursen in Loipersdorf bieten wir als Zwischenmahlzeit immer ein Stück oder eine Handvoll Obst der Saison mit einer kleinen Handvoll Nüssen an. Das ist einfach, geht schnell, man muss nichts vor- oder zubereiten, kann es überallhin mitnehmen und – ganz wichtig – es ist nicht peinlich. Wenn Sie um drei Uhr nachmittags während einer Besprechung Nüsse knabbern oder auf dem Heimweg in der U-Bahn einen Apfel essen, wird niemand Sie deswegen schief anschauen. Packen Sie jedoch beim Gespräch mit Ihrem Chef Ihren Getreidebrei aus, könnte dies den einen oder anderen Kommentar nach sich ziehen. Sie finden ein Stück Obst und eine Handvoll Nüsse auf Dauer langweilig?

Bringen Sie doch Abwechslung in Ihr Leben, indem Sie Obst- und Nusssorten abwechseln. In unseren Breitengraden gibt es den Jahreszeiten entsprechend ganz automatisch immer wieder andere Obst- und Nusssorten – nützen Sie das aus! Übrigens ist mir Eiweiß (das sind in diesem Fall die Nüsse) wichtiger als Kohlenhydrate zur Zwischenmahlzeit. Wenn Ihnen also Zeit oder Gelegenheit fürs Obst fehlt, können Sie auch einfach eine Handvoll (möglichst rohe, ungeröstete und ungesalzene) Nüsse essen.

Ganz wichtig in Bezug auf die Zwischenmahlzeiten: Gemeint ist hiermit keinesfalls, dass Sie ständig irgendetwas unbewusst nebenbei knabbern sollen. Öfter und regelmäßig zu essen heißt nicht, dass man permanent essen sollte. Insofern kann es für einige von Ihnen hilfreich sein, wenn Sie sich Obst und Nüsse auf einem kleinen Teller anrichten und sich ein paar Minuten in Ruhe hinsetzen, um zu essen, vor allem dann, wenn Sie sehr unter Druck stehen und eigentlich keine Zeit dafür haben. Sie werden merken, was diese paar Minuten Ruhe und das bewusste Essen für Ihre Energie für den restlichen Tag bedeuten.

2. Hungern Sie nicht. Lassen Sie keine Mahlzeiten aus. Essen Sie immer, bis Sie satt, aber nicht voll sind.

Ganz wesentlich ist, dass Sie nie hungrig vom Tisch aufstehen und keine Mahlzeiten auslassen. Leider ist das sinnlose Kalorienzählen so weit verbreitet, dass es sehr schwer ist, sich davon zu lösen. Denn auch wenn Sie eigentlich nicht finden, dass Kalorienzählen etwas bringt – glauben Sie nicht doch insgeheim, dass es besser wäre, ein fettarmes Joghurt zu essen oder am Abend doch lieber nichts zu essen, um sich so ein paar Kalorien zu sparen? Oder Sie haben in der Früh keinen wirklichen Hunger und sind insgeheim froh darüber, sich diese Mahlzeit »sparen« zu können? Was sparen Sie denn dabei, wenn Sie Ihrem Körper das vorenthalten, womit er später Ihre Energie und Lebensfreude produzieren soll?

Ich erlebe es in allen meinen Kursen und Seminaren: Auch wenn wir uns einig darüber sind, dass Kalorienzählen nichts bringt – der Glaube, beim Abnehmen sei »weniger mehr«, ist tief verankert. Und wenn es nicht die Kalorien sind, so glauben viele noch immer daran, dass man »eben nur ein bisschen weniger essen« müsse, dann nehme man schon ab. Ehrlich gesagt: Wenn es so funktionieren würde, dann hätten wir ja keine Probleme mit dem Übergewicht. Wenn es uns möglich wäre, einfach mal weniger zu essen und damit langfristig abzunehmen, dann wäre ja niemand zu dick – und ich könnte mir dieses Buch sparen.

Doch so funktioniert es nicht, weil es nicht den Bedürfnissen des Körpers entspricht und gegen ihn arbeitet. Der Körper wird sich mit jeder Zelle dagegen wehren und z. B. mit Heißhunger und Fressattacken reagieren. Er wird anfangen zu sparen und weniger zu verbrauchen und alles, was er bekommt, in Fett umzuwandeln. Sie glauben dann, dass Sie einfach nicht diszipliniert genug waren. Doch die Wahrheit ist: Sie haben versucht, Ihren Körper zu etwas zu zwingen, was einfach nicht möglich ist. Also hören Sie auf mit diesem Unsinn. Hunger ist ein wichtiges Signal unseres Körpers. Leider haben wir Angst vor dem Hunger. Wir leben in einer Überflussgesellschaft, die meisten von uns können zu jeder Zeit so viel essen, wie sie wollen oder können. Viele Menschen haben gar kein richtiges Hungergefühl mehr – und nebenbei bemerkt auch kein Sättigungsgefühl –, sondern verwechseln Heißhunger mit Hunger, und vor dem haben Sie berechtigterweise Angst. Denn wer Heißhunger hat, gerät außer Kontrolle und isst wesentlich mehr, als er sich vorgenommen hat, was gut für ihn oder notwendig wäre, um satt zu werden. Aber das Heißhungerproblem löst man nicht dadurch, dass man hungert oder Mahlzeiten auslässt. Denn so wird das Problem nur immer größer. Für mich ist einer der ersten wichtigen Schritte, den Heißhunger abzustellen und dem Körper wieder die Möglichkeit zu geben, eindeutige und klare Signale zu senden, z. B. wann er satt ist, obwohl vielleicht sogar noch ein Rest auf dem Teller ist.

Sollten Sie zu den Menschen gehören, die seit Jahren kein richtiges Sättigungsgefühl haben und die permanent viel zu viel essen, weil Sie nicht aufhören können – keine Sorge! In meinen Kursen sitzen sehr viele Menschen, denen es so geht. Spätestens am

dritten Kurstag war bislang noch bei allen das seit Jahren vermisste normale Sättigungsgefühl wieder da. Der Heißhunger war meistens schon am ersten Tag, spätestens jedoch am zweiten Tag abgestellt. Damit das auch bei Ihnen klappt, dürfen Sie keine Mahlzeiten auslassen. Essen Sie, bis Sie satt, aber nicht voll sind.

»Satt, aber nicht voll« muss man anfangs vielleicht lernen. Wir kennen alle das Gefühl, »voll« zu sein: Wenn man sich nach einer ausgiebigen Mahlzeit am liebsten flach auf die Couch legen möchte, weil man mehr gegessen hat, als man eigentlich Hunger hatte, dann ist man »voll«. Wir wollen aber versuchen, an einem normalen Tag (für die Ausnahmen gibt es ja dann den 80:20-Moment – siehe Seite 32) nur so viel zu essen, dass wir satt sind. Nicht vergessen, in spätestens drei Stunden gibt es wieder etwas zu essen – und da es verboten ist, Mahlzeiten auszulassen, müssen Sie dann sogar wieder essen.

Wenn Sie jetzt Angst haben, zu viel zu essen: Keine Sorge! Wenn Ihr Körper (endlich!) mit all dem versorgt wird, was er braucht, signalisiert er Ihnen, dass er genug hat, und Sie werden satt vom Tisch aufstehen. Am Anfang sollten Sie sogar dann eine Kleinigkeit essen, wenn Sie bei einer der geplanten Mahlzeiten überhaupt keinen Hunger haben. Denn es ist wichtig, dass Sie Ihrem Körper ein Signal geben. Sie müssen nicht viel essen, es kann eine Kleinigkeit sein oder es können sogar nur ein paar Bissen sein, aber Sie sollten die Mahlzeit auf keinen Fall auslassen. Ganz wesentlich dabei ist, dass ein wenig Eiweiß dabei ist, was uns zur nächsten Regel überleitet:

3. Essen Sie zu jeder Mahlzeit (ein wenig) Eiweiß.

Eiweiß ist nicht nur ein wesentlicher Baustoff unseres Körpers, den wir täglich zuführen müssen, weil wir mit ihm unsere »Ersatzteile bauen«, sondern Eiweiß hilft auch dabei, gleichmäßiger und länger Energie aus dieser Mahlzeit zu bekommen, weil der Blutzuckerspiegel dadurch langsamer ansteigt. Es ist deshalb wichtig, dass Sie zu jeder Mahlzeit Eiweiß zu sich nehmen, auch wenn es sich nur um eine kleine Zwischenmahlzeit handelt. Zu Obst passen z. B. gut Nüsse, ein wenig Joghurt oder auch ein Stück Käse. Vor allem am Anfang ist es wichtig, dass Sie diese Grundregel streng beachten, denn das wird ausschlaggebend dafür sein, wie schnell Sie Ihr Sättigungsgefühl wiederfinden und Ihre Heißhungerattacken abstellen können. Welche Nahrungsmittel die besten und geeignetsten Eiweißlieferanten sind, erkläre ich noch genauer unter der Überschrift »Faustformel« weiter hinten im Text.

Wann immer Sie sich eine Mahlzeit zubereiten oder im Restaurant bestellen, sollten Sie sich fragen: Wo ist mein Eiweiß? Bei den Rezepten von Ewald Pint brauchen Sie sich diesbezüglich keine Sorgen zu machen, sie wurden so zusammengestellt, dass alles

Notwendige enthalten ist. Wenn Sie besonders stark zu Heißhunger und Müdigkeitstiefs neigen, kann es helfen, nicht nur zu jeder Mahlzeit Eiweiß zu essen, sondern die Mahlzeit gleich mit einem Bissen Eiweiß zu beginnen. Bevor Sie z. B. am Nachmittag einen Apfel essen, essen Sie vorher ein oder zwei Walnüsse. Wenn es Fisch mit Gemüse und Kartoffeln gibt, sollten Sie zuerst vom Fisch essen, erst dann Kartoffeln oder Gemüse. Dies ist zwar kein Muss, doch kann es anfangs helfen, den Blutzuckerspiegel und damit den Heißhunger in den Griff zu bekommen.

4. Bei den Hauptmahlzeiten gilt die Faustformel.

Das Herz der Walleczek-Methode ist die Faustformel. Jede Hauptmahlzeit wird nach dieser Formel zusammengestellt. Ihr Vorteil ist, dass sie praktisch überall und sozusagen auf jedes Gericht anwendbar ist. Jeder kann mit ihr nach seinem Geschmack kochen und es ist dabei egal, ob Sie lieber italienisch, asiatisch oder klassisch österreichisch essen wollen, ob Sie selber kochen oder ins Restaurant gehen.

Eine Mahlzeit nach der Faustformel sorgt dafür, dass Ihr Körper alles bekommt, was er braucht, und dass er gleichmäßig mit Energie versorgt wird, damit Energietiefs und Heißhungerattacken erst gar nicht aufkommen.

Eine Mahlzeit nach der Faustformel ist ganz einfach. Sie besteht aus

- ***einer Handtellergröße Eiweiß,***
- ***maximal einer Faustgröße stärkehaltige Kohlenhydrate: der Stärkefaust,***
- ***mindestens zwei Faustgrößen Gemüse: die Gemüsefäuste.***

Eine Handtellergröße Eiweiß

Zu den guten Eiweißquellen zählen nicht nur Fleisch, Fisch, Milchprodukte und Eier, sondern auch Hülsenfrüchte (Bohnen, Linsen, Kichererbsen), Sojaprodukte (Tofu, Tempeh, Sojamilch oder -joghurt), Nüsse, Kerne (Kürbiskerne, Sonnenblumenkerne, Leinsamen, Sesam etc.) und Quinoa. Für Fleisch, Fisch, Tofu, Käse u. Ä. sollte die Portion auf dem Teller ca. der Größe und Dicke des eigenen Handtellers entsprechen (das ist die Hand ohne Finger). Wer Hülsenfrüchte isst, orientiert sich an der Größe der eigenen Faust.

Idealerweise essen Sie nicht jeden Tag Fleisch und nur gelegentlich Wurst oder Schinken. Zählen Sie mal nach, wie oft bei Ihnen Wurst, Schinken oder Fleisch auf den Tisch kommt – bei den meisten von uns ist das nämlich viel öfter als die empfohlenen zwei bis drei Mal pro Woche! Aber machen Sie sich jetzt keinen Stress deswegen. Fangen Sie damit an, dass Sie zuerst einmal möglichst auf die kalte Jause mit Wurst und Schinken am Abend verzichten und stattdessen frisch kochen. Das muss nicht aufwendig sein, aber Sie sollten wegkommen von dem immer gleichen Brot mit Wurst und Käse. Probieren Sie doch mal die schnellen Salate wie z. B. den Blattsalat mit Schafskäse, Pilzen und Kartoffeln (S. 48) oder den herbstlichen Blattsalat mit Käferbohnen und marinierten Eierschwammerln (S. 106). Es gibt viele Ideen für ein kaltes

Abendessen, man muss nicht immer auf Brot, Käse und Wurst zurückgreifen. Als Nächstes achten Sie darauf, dass Sie nur einmal am Tag Fleisch, Wurst oder Schinken essen. Wenn Sie also zu Mittag Fleisch essen möchten, dann brauchen Sie ein fleischloses Abendessen. Probieren Sie z. B. die Polenta-Mozzarellalaibchen mit Kürbisgemüse (S. 118) oder den Bohnen- Gemüseeintopf mit Vollkornmakkaroni (S. 78 – beides wird der ganzen Familie schmecken und Sie werden das Fleisch sicher nicht vermissen.

Bei uns in den Kursen gibt es übrigens in vier Tagen höchstens zwei Mal Fleisch – und das ist noch nie jemanden abgegangen. Beispiele für unsere Menüpläne finden Sie ab S. 40. Achten Sie aber auch bei fleischlosen Mahlzeiten immer darauf, dass ausreichend Eiweiß dabei ist. In manchen unserer Rezepte ist die Eiweißquelle offensichtlich, so z. B. bei der gebratenen Forelle (S. 104) oder bei der gebratenen Hühnerbrust mit buntem Spargelgemüse und Bärlauchsauce (S. 52). Im Salat mit Käferbohnen (S. 106) sind die Bohnen nicht nur eine Eiweiß-, sondern auch eine Kohlenhydratquelle, denn Hülsenfrüchte enthalten beides. Bei den Polenta-Mozzarellalaibchen mit Kürbisgemüse (S. 118) ist nicht nur Ei enthalten, sondern auch Mozzarella, beides Eiweißlieferanten – hier ist also das Eiweiß von vornherein »eingebaut«.

Maximal eine Faustgröße stärkehaltige Kohlenhydrate

Die stärkehaltigen Kohlenhydrate sind die normalerweise üblichen »Beilagen«. Dazu gehören v. a. Kartoffeln sowie alle Getreideprodukte, also Nudeln, Knödel, Reis, Brot etc. Außerdem muss man sehr stärkehaltiges Gemüse dazuzählen, z. B. Mais, Rüben, Pastinaken oder auch Topinambur. Erbsen gehören ebenfalls in diese Gruppe.

Die Größe der Beilagenportion orientiert sich an der Größe der eigenen Faust, sollte aber nur maximal so groß sein. Wichtig ist bei der Mahlzeit das Verhältnis von Eiweiß- zu Kohlenhydratportion. Lassen Sie die »Stärkefaust« nicht einfach ganz weg, auch wenn Sie dadurch anfangs vielleicht den Gewichtsverlust beschleunigen können – langfristig führt das jedoch bei vielen Menschen erfahrungsgemäß zu Fressattacken. Hülsenfrüchte – wie Bohnen, Linsen oder Kichererbsen – sind sowohl eine gute Eiweiß- (v. a. in Kombination mit Getreide wie Reis, Nudeln oder Brot) als auch Kohlenhydratquelle. Somit gehören auch sie zur »Stärkefaust«. Wenn Sie also zu einer Mahlzeit eine Faustgröße Hülsenfrüchte (Eiweiß) essen, sollte daher die »Stärkefaust« nur noch höchstens halb so groß sein. Vor allem Getreideprodukte (Brot, Nudeln, Reis, ...) erhöhen die Eiweißwertigkeit der Hülsenfrüchte, weil die Kombination für uns hochwertiger ist. Deshalb nicht weglassen!

Mindestens zwei Faustgrößen Gemüse

Alle anderen Gemüsearten – außer wie erwähnt Kartoffeln, Rüben, Mais, Pastinaken oder Topinambur – gehören zu den »Gemüsefäusten«. Dabei spielt es keine Rolle, ob Sie das Gemüse roh oder gegart essen, obwohl idealerweise jeden Tag sowohl etwas Rohes als auch etwas Gekochtes dabei sein sollte. Es ist auch nicht wichtig, ob Sie die Gemüsemenge im ungekochten oder gegarten Zustand messen, wie z. B. bei Blattspinat, der ja beim Kochen stark zusammenfällt. Die Gemüsemenge ist ja nur eine Mindestangabe und es gilt: Je mehr, desto besser! Wenn Sie also Lust und Hunger haben, können Sie auch gerne vier, sechs, acht oder zehn Fäuste Gemüse zu einer Mahlzeit essen.

In Loipersdorf servieren wir zu den gemüsereichen Hauptspeisen vorher meist noch einen Salat vom Buffet oder zumindest eine Gemüsesuppe.

Gemüse ist aus den verschiedensten Gründen wesentlich: Es wirkt im Köper basenbildend (und schützt damit vor Übersäuerung), es liefert lebensnotwendige Vitamine, Mineralien und sekundäre Pflanzeninhaltsstoffe und sorgt dafür, dass Sie satt werden, weil es der Mahlzeit Volumen gibt (für den anderen wesentlichen Teil der Sättigung ist das Verhältnis von Eiweiß zu Kohlenhydraten wichtig).

Noch ein paar andere, wichtige Aspekte:

Frühstück

Für das Frühstück gilt grundsätzlich auch die Faustformel. Allerdings ist es für unsere westeuropäischen Essgewohnheiten und unseren Geschmack fast nicht möglich, zwei ganze Fäuste Gemüse zum Frühstück zu essen – abgesehen von Omeletts mit sehr viel Gemüse. Versuchen Sie daher, wenigstens ein bisschen unterzubringen.

In den Kursen in Loipersdorf wird – außer bei den Entgiftungskursen, wo die Ernährung viel spezieller ist – das Frühstück nicht gemeinsam eingenommen, sondern jeder frühstückt in seinem Hotel. Außerdem finde ich es wichtig, dass die Teilnehmer schon üben, sich selbst eine Mahlzeit nach der Faustformel zusammenzustellen, damit wir auftretende Probleme gleich im Kurs besprechen können. Insofern werden Sie in diesem Buch auch keine Rezepte fürs Frühstück finden.

Aber es ist ganz einfach, auch hier die Faustformel anzuwenden: Als Erstes brauchen wir eine Eiweißquelle, das können z. B. ein Hühnerei, Käse, Joghurt oder andere Milchprodukte, Fisch (z. B. geräucherter Saibling), kalter Braten oder Ähnliches sein.

Ist Ihnen aufgefallen, dass Wurst und Schinken nicht auf der Liste sind? Das liegt daran, dass man diese Produkte nicht zu oft essen sollte – sie sind eher etwas für einen 80:20-Moment, aber nicht für jeden Tag. Je nach Geschmack kombinieren Sie dazu eine Faustgröße stärkehaltige Kohlenhydrate, das können also ein Weckerl oder ein bis zwei Scheiben Brot sein (möglichst Vollkorn) oder – wenn Sie eher zu Süßerem tendieren – eine kleine Handvoll Haferflocken zum Joghurt oder zur Milch für ein Müsli. Essen Sie zu Ihrem belegten Brot dann z. B. Radieschen, ein Stück Gurke oder Paprika oder anderes knackiges Gemüse der Saison, das Ihnen schmeckt. Bei Joghurt oder Müsli würde frisches Obst hinzukommen. Achtung: Obst enthält im Gegensatz zu Gemüse relativ viel Zucker und muss deshalb eher zur »Stärkefaust« gerechnet werden. Sie können also nicht unbegrenzt viel Obst zu Ihren Müsliflocken essen. Natürlich sollten alle Produkte, ob Joghurt oder Müslimischung, ungesüßt sein, und Sie sollten auch auf jedes Süßungsmittel bei den Getränken verzichten.

Trinken

Ein Getränk, das nach etwas schmeckt, ist eine Mahlzeit. Das gilt zwar nicht unbedingt für Kaffee und Tee, aber für alles andere. Also alle Fruchtsäfte, Limonaden, alle Wellnessgetränke etc. sind eigentlich eine Mahlzeit. Und da sie meist viel Zucker oder künstliche Süßstoffe und/oder Aromen enthalten, sind sie eigentlich nur etwas für den 80:20-Moment.

Die gute Nachricht: Sie müssen sich nicht zum Trinken zwingen! Trinken Sie nur so viel, wie Sie auch Durst haben, und dann möglichst klares, reines Wasser. Ob mit oder ohne Kohlensäure, das bleibt Ihrem Geschmack überlassen. Experten glauben inzwischen, dass die Empfehlung, mindestens zwei bis drei Liter Wasser pro Tag zu trinken, völlig aus der Luft gegriffen ist und jeder Grundlage entbehrt. Wir dürfen uns also wieder auf unser höchstpersönliches Durstgefühl verlassen. Dabei mache ich aber eine Einschränkung: Ich stelle bei vielen Menschen fest, dass sie Durst kaum von Hunger unterscheiden können. Oft beginnen sie zu essen, obwohl sie eigentlich durstig sind. Wenn Sie also bisher eher wenig getrunken haben und mit Übergewicht kämpfen, dann versuchen Sie doch mal, wann immer Sie nach etwas Essbarem greifen, zuerst ein oder zwei Gläser Wasser zu trinken, anschließend ein paar Minuten zu warten und erst dann zu essen, wenn Sie noch immer hungrig sein sollten. Was wichtig ist: Hier geht es nicht darum, dass sich Ihr Magen »voll« anfühlt und Sie deshalb weniger essen – mal ganz abgesehen davon, dass diese total veraltete Strategie sowieso nicht funktioniert. Es soll lediglich dazu dienen, Ihre Durst- und Hungergefühle präziser werden zu lassen, damit Sie derartige Zeichen Ihres Körpers besser verstehen und dementsprechend darauf reagieren können. Wie ich schon gesagt habe: Ich glaube fest daran, dass Ihr Körper eigentlich genau weiß, was er braucht. Wenn Sie darauf hören würden (und Ihr Körper im Gleichgewicht wäre), dann bräuchten Sie überhaupt keine Regeln mehr, sondern könnten essen und trinken, was und so viel Sie wollen. Aber dort befinden sich die meisten von Ihnen eben nicht, deshalb ist es wichtig, dies zu Beginn wieder richtig zu lernen. Für die meisten Menschen fallen ein bis drei Tassen Kaffee oder andere koffeinhaltige Getränke nicht ins Gewicht. Dies hängt allerdings sehr davon ab, wie empfindlich Sie auf Koffein reagieren. Das müssen Sie am besten selber ausprobieren, denn es gibt Menschen, bei denen Koffein auch Heißhunger auslösen kann und das Abnehmen so lange verhindert, bis man es ganz weglässt. Das kommt zwar eher selten vor, doch hin und wieder ist es durchaus der Fall. Wichtig ist, dass Sie alle Getränke völlig ungesüßt zu sich nehmen, Milch im Tee oder Kaffee ist dagegen egal.

Du bist, was du isst ...

Der Spruch ist ein abgedroschenes Klischee, aber es steckt viel Wahrheit drin. Ständig werden alle Teile unseres Körpers durch neue ersetzt. Manche Teile werden dabei sehr oft und sehr schnell gegen neue ausgetauscht, wie z. B. unsere Darmwand, die jeden Tag etwa zur Hälfte durch neue Zellen ersetzt wird. Das ist keine Kleinigkeit, immerhin ist die Darmwand flächenmäßig so groß wie ein Tennisplatz. Andere Teile unseres Körpers brauchen länger, bis sie ersetzt werden, aber grundsätzlich können Sie davon ausgehen, dass alle sieben Jahre jede einzelne Zelle Ihres Körpers ersetzt wird, und zwar durch das, was Sie essen, trinken und einatmen, wobei das Essen den größten Beitrag liefert. Was aber, wenn das, was Sie essen, nicht die beste Qualität hat? Wenn der Fisch mit Schwermetallen belastet ist, in den Shrimps Rückstände von Antibiotika enthalten sind, wenn die Hühner zwar am Boden herumlaufen dürfen, aber hauptsächlich Soja und Mais als Futter bekommen? Macht es einen Unterschied für Ihre »Ersatzteile«, ob das Schwein, aus dem die Wurst ist, sich im Schlamm suhlen durfte oder in Hallen gehalten wurde? Welchen Einfluss hat es, wenn die Tomaten unreif geerntet und durch halb Europa gekarrt worden sind, bevor Sie einen (nach nichts schmeckenden ...) Tomatensalat daraus machen?

Ganz ehrlich? Keiner weiß das genau. Denn diese dramatischen Veränderungen in unserer Lebensgrundlage, unserer Nahrung, wurden erst in den letzten 50 Jahren durchgeführt – und zwar auf verschiedensten Ebenen gleichzeitig. Die sogenannte »grüne Revolution«, bei der den Bauern prinzipiell die Arbeit erleichtert wurde und bei der Munitionsfabriken, die noch Überkapazität aus dem Zweiten Weltkrieg hatten, dazu umfunktioniert wurden, künstlichen Dünger in großem Stil zu produzieren, hat so viele Dinge auf einmal geändert, dass wir gar nicht wissen, was welchen Einfluss auf uns hat. Wir wissen jedoch, dass wir auf dem besten Wege sind, unsere Nahrungsgrundlagen für lange Zeit zu zerstören. Dies allerdings ist ein großes Thema für ein anderes Buch.

Wir wissen jedenfalls, dass das Fleisch eines artgerecht gehaltenen Schweins eine völlig andere Fettzusammensetzung hat als das eines Schweins aus Stallhaltung. Und wir wissen heute, dass gerade das Verhältnis von Omega-6-Fetten zu Omega-3-Fetten im Körper wesentlich dafür ist, ob im Körper Entzündungen entstehen können, die langfristig zur Entstehung von allen möglichen Zivilisationskrankheiten beitragen können. Das bringt uns auch zum Futter der Hühner: Ein Huhn, das sich auf der Weide – also nicht auf einem staubigen Hühnerhof oder in einer großen Halle – seine Würmer selbst suchen darf, legt völlig andere Eier als ein Huhn aus Bodenhaltung. Ob die Reife einer Tomate bei der Ernte einen großen Unterschied für Ihre Gesundheit macht, kann ich Ihnen nicht sagen – aber für den Geschmack des Tomatensalats ist sie wesentlich.

Tausende von Jahren haben wir uns nur auf unseren Geruchs- und Geschmackssinn verlassen können, um die Qualität eines Lebensmittels zu überprüfen. Ich möchte daher behaupten, dass Geruch und Geschmack auch heute noch wichtige Indizien dafür sind, ob etwas nicht nur gut ist, sondern auch gut *für uns* ist. Doch hier gibt es ein Problem: Wir können heute (also nicht Sie und ich, aber die Industrie, die unsere Supermärkte füllt) mit dem Geschmack »tricksen«. Joghurts können nach reifen Erdbeeren schmecken, obwohl sie höchstens kleinste Stücke von eher blassen, geschmacklosen Früchten enthalten – die im schlimmsten Fall nicht einmal Erdbeeren sind. (Schon mal überlegt, woraus »Fruchtzubereitungen« sind? Eben!) Da kann etwas stark duften oder frisch schmecken, obwohl die Zutaten gar nicht die Qualität haben, die der Geschmack zu suggerieren vermag. Doch woran kann sich unser Körper dann orientieren? Seit Jahrtausenden sind wie gesagt Geruchs- und Geschmackssinn die entscheidenden Sinne, mit denen unser Körper schon vor dem und beim Essen erkennt, was er erwarten darf. So kann er sich z. B. schon durch das Riechen einer Speise mit der Produktion der entsprechenden Verdauungssäfte auf die Aufnahme und Verarbeitung der Nährstoffe vorbereiten. Er kann signalisieren, wann er genug hat, denn er erkennt schon am Geschmack, welche Nährstoffe auf ihn zukommen.

Was aber passiert, wenn der Geruch, der Geschmack und die Qualität nicht übereinstimmen?

Aus meiner persönlichen Erfahrung mit vielen Klienten und Kursteilnehmern kann ich Ihnen sagen, dass es wirklich überraschend ist, wie schnell sich ein verloren geglaubtes Sättigungsgefühl wieder einstellt, wenn man frisch zubereitete, »ehrliche« Lebensmittel isst.

In Loipersdorf werden ausschließlich regionale Produkte verarbeitet, die gerade Saison haben (mit der kleinen Ausnahme der gelegentlichen Handvoll Reis, der nun mal nicht in der Steiermark wächst). Ich bin davon überzeugt, dass es gerade die Qualität der Lebensmittel ist, die diese schnelle »Wirkung« ausmacht. Es ist meiner Meinung nach also absolut nicht egal, ob Sie die Rezepte aus diesem Buch mit regionalen, möglichst reif geerntetem Obst und Gemüse oder mit Produkten aus spanischen Glashäusern zubereiten, wie das Schwein gehalten wurde oder welches Futter das Huhn

bekommen hat. Auch müssen wir wieder lernen, unserer Nase und unserem Geruchssinn zu vertrauen und Aromen grundsätzlich zu misstrauen, denn diese können mindere Qualität gut vertuschen – warum würde man sie sonst brauchen? Wir müssen wieder lernen, woran man gute Qualität erkennt, und beginnen, die Dinge zu hinterfragen.

Ob Sie sich jede Woche eine Bio-Kiste mit regionalem Gemüse ins Haus liefern lassen oder einen Bauern finden, der seine Tiere artgerecht hält und von dem Sie das Fleisch direkt beziehen können, oder ob Sie selber ein paar Hühner im Garten halten wollen – achten Sie auf die Qualität der Zutaten und hinterfragen Sie, wo die Produkte herkommen, die Sie zu Ihrem Körper machen. Vergessen Sie nicht: Die Wurst, die Sie im Sonderangebot kaufen, wird zu einem Bestandteil Ihres Körpers werden. Wollen Sie wirklich so billig sein?

Kleine Sünden – niemals …

Was tun Sie, wenn Sie mal »das Falsche« essen? Also z. B. das riesige Stück Schokoladenkuchen, das Sie so angelacht hat, oder die Tüte Chips, die Sie noch in der Küche gefunden haben … Sie *sündigen,* richtig? Und? Haben Sie dann ein schlechtes Gewissen? Man sagt ja auch, dass etwas so gut ist, dass es »eine kleine Sünde wert« ist. Aber ein schlechtes Gewissen haben Sie dann trotzdem, oder? Fällt Ihnen dabei nichts auf? Wer sündigt, der tut etwas Falsches und hat dann ein schlechtes Gewissen.

Ich behaupte, dass nicht der Kuchen falsch ist, sondern die Art, wie Sie darüber denken und reden. Wussten Sie, dass es den Ausdruck »kleine Sünde« z. B. in der englischen Sprache gar nicht gibt? Ein Brite »belohnt« sich (»treats himself«), wenn er was Falsches isst, Sie hingegen »sündigen«. Und es ist ein gewaltiger Unterschied, ob Sie sich mit einem Stück Kuchen *belohnen* oder eigentlich etwas tun, wofür Sie hinterher büßen müssten. Viele büßen mit Sport, den sie als Strafe empfinden, oder aber sie haben eben »nur« ein schlechtes Gewissen, das sie dann häufig damit zu bekämpfen versuchen, dass sie noch mehr Essen in sich hineinstopfen, nach dem Motto: Jetzt ist es eh schon egal – und bestrafen kann ich mich für meine Sünde auch morgen noch.

Merken Sie, dass gerade die Art und Weise, wie Sie über das Essen denken, Sie in den Teufelskreis führt, aus dem Sie immer schwerer herausfinden? Eine Belohnung dagegen führt nicht in einen Teufelskreis aus Schuldgefühlen und Fressattacken. Eine

Belohnung genießt man ganz anders als eine »kleine Sünde«, die man möglichst hastig, möglichst ohne gesehen zu werden und mit einem schlechten Gewissen hinunterschlingt. Ich habe gute Nachrichten für Sie: Sie können viel öfter über die Stränge schlagen, als Sie glauben, und dabei trotzdem langsam, aber stetig abnehmen. Natürlich werden Sie nicht hemmungslos Süßigkeiten, Frittiertes und Alkohol in sich hineinstopfen können. Aber wenn wir erst einmal Ihren Heißhunger abgestellt haben und Sie bei Ihren Ausnahmen – nicht Sünden!! – kein schlechtes Gewissen mehr haben, dann werden Sie gar kein Bedürfnis mehr haben, sich ständig vollzustopfen.

Für die kleineren und größeren Ausnahmen im Leben gibt es bei mir die sogenannte **80:20-Regel,** die da lautet: »Mach es die meiste Zeit richtig, dann kannst du hin und wieder tun, was du willst.« Oder: »Hin und wieder darf man *alles*.«

In einem 80:20-Moment – wir sprechen immer von einem Moment, nicht von einem 80:20-Tag oder mehr – darf man genau das essen oder trinken, worauf man gerade Lust hat, egal wie ungesund es scheinen mag. In einem 80:20-Moment ist es besonders wichtig, genau auf die Bedürfnisse des Körpers zu hören. Wenn er Ihnen signalisiert, dass er heute eine Tüte Chips, eine Schaumrolle oder eine Leberkässemmel braucht, dann bekommt er dies auch. Essen ist mehr als nur die Aufnahme von Nährstoffen. Essen ist unweigerlich und untrennbar mit unserem Sozialleben und somit u. a. auch mit unseren Feiertagen verbunden. Denken Sie nur an Weihnachtskekse, Faschingskrapfen, Ostereier oder Geburtstagskuchen. Und ich halte es für sehr, sehr wesentlich, dass wir diese Feiertage auch gebührend begehen – und dazu gehört auch das entsprechende Feiertagsessen. Früher gab es am Sonntag den Frühschoppen, dann den Sonntagsbraten und anschließend vielleicht noch den Sonntagskuchen. Ich finde, das sind wunderbare Traditionen, die wir unbedingt wieder aufleben lassen sollten. Essen bedeutet ja auch Kultur, und es macht mich unendlich traurig, wenn ich in Familien komme, die keinen Esstisch mehr haben, weil niemand mehr kocht und es keine gemeinsamen Mahlzeiten mehr gibt, sondern einfach auf der Couch vor dem Fernseher gegessen wird. Wir sollten unsere Esskultur bewahren und zelebrieren, aber: Sonntag ist nur einmal in der Woche. Den Frühschoppen, Braten mit Knödeln und Kuchen gab es auch nicht an gewöhnlichen Wochentagen, sondern nur an Sonn- und Feiertagen. So sollten Sie es auch mit der 80:20-Regel halten: Hin und wieder darf man alles, aber eben nur hin und wieder. Wie oft dürfen Sie also Ausnahmen machen?

Das ist individuell verschieden und hängt nicht zuletzt davon ab, wie viele Diäten Sie schon durchgeführt haben und wie »verwirrt« Ihr Körper inzwischen ist. Außerdem hängt es natürlich auch von der »Größe« der Ausnahme ab: Reden wir von ein paar Keksen oder zwei Rippen Schokolade zum Kaffee, oder wollen Sie den halben Kühlschrank leer essen? Die meisten von Ihnen können sich ca. zwei bis drei Mal pro Woche einen kleineren 80:20-Moment leisten und dabei ohne Probleme langsam, aber stetig abnehmen.

Aber auch wenn Sie schon viele Diäten gemacht haben und Ihr Körper daraufhin jeden Bissen mehr sofort auf Ihre Hüften packt, sollten Sie unbedingt mindestens einmal pro Woche einen 80:20-Moment zelebrieren. Denn das Problem ist, dass Sie es eh nicht ohne solche Ausnahmen durchhalten werden – und wenn Sie dann scheitern, folgt nur das schlechte Gewissen, eben weil es ein »Scheitern« und keine geplante »Belohnung« war – und schon geht der ganze Teufelskreis von vorne los.

Ich möchte, dass Sie lernen, eine kleine »Ausnahme«, einen Feiertag oder ein Stück Geburtstagskuchen zu genießen – und das müssen Sie üben.

Die größte Angst der meisten, die abnehmen wollen, sind die unkontrollierten Fressattacken. Dieses »Wenn ich einmal angefangen habe, kann ich nicht mehr aufhören« oder dieses »Ich halte es immer gut durch bis ca. 15 Uhr, aber dann werde ich verrückt, wenn ich nichts Süßes bekomme«. Sie glauben dann, Sie seien eben ein undisziplinierter Mensch (was Sie auch sind), aber Ihr Undiszipliniert-Sein hat nichts damit zu tun, dass Sie unkontrolliert Süßes in sich hineinstopfen, sondern dass Sie Heißhungerattacken haben. Und diese lassen sich glücklicherweise in den meisten Fällen ganz leicht abstellen.

Heißhunger und Sucht nach Süßem

Warum bemühen sich so viele Menschen, mit künstlichen Süßstoffen gesüßte Produkte zu kaufen? Vordergründig geht es darum, Kalorien zu sparen. Aber warum wäre das wichtig? Wenn das, was Sie essen, Sie satt machen würde (und Sie damit aufhören zu essen, bevor Sie Ihrem Körper zu viel geben), wäre es dann nicht absolut nebensächlich, wie viele Kalorien pro 100 g enthalten sind? Doch viele von uns werden eben nicht mehr satt, und noch schlimmer: Manche von uns haben kaum unter Kontrolle, wie viel und teilweise auch was sie essen. Dann versucht man eben, kalorienärmere Produkte (ich nenne sie absichtlich nicht »Lebensmittel«) zu kaufen, in der (falschen) Hoffnung, dass es dann wenigstens nicht »so schlimm« ist, wenn man viel zu viel davon isst.

Aber die Menge, die wir essen, sollte sich automatisch selbst regulieren – und das tut sie auch, wenn Ihr Körper im Gleichgewicht ist. Aber warum können Sie dann trotzdem so oft einfach nicht entspannt an etwas Süßem vorbeigehen oder einfach nicht aufhören zu essen?

Dafür gibt es mehrere Gründe:

• *Ihr Körper kann dem, was Sie ihm zuführen, nicht mehr trauen.* Sie essen Dinge, die nach dem einen Nährstoff schmecken, aber da der Geschmack nicht aus den Inhaltsstoffen und der Qualität, sondern von Aromen, Geschmacksverstärkern und künstlichen Süßstoffen kommt, kann Ihr Körper sich nicht mehr auf den Geschmack verlassen und signalisiert Ihnen auch nicht rechtzeitig ein Sättigungsgefühl. Diesem Problem können Sie entgegenwirken, indem Sie auf die Qualität Ihrer Lebensmittel achten und Aromen, Geschmacksverstärker und Zuckerersatzstoffe aller Art meiden, wo Sie nur können.

- *Das Verhältnis von Eiweiß zu Kohlenhydraten in Ihrer Mahlzeit ist verschoben.* Dieses Problem lösen Sie ganz einfach mit der Faustformel.
- *Sie haben Blutzuckerschwankungen,* die dann automatisch Heißhunger auslösen. Damit Heißhunger erst gar nicht aufkommt, sollten Sie über den Tag verteilt öfter kleinere Mahlzeiten essen und sicherstellen, dass Sie zu jeder Mahlzeit ein wenig Eiweiß essen. Außerdem reagieren manche Menschen empfindlich auf Koffein und auch Alkohol kann Blutzuckerschwankungen auslösen. Wenn Sie empfindlich auf diese Dinge reagieren, sollten Sie den Konsum reduzieren.
- *Sie sind süchtig nach bestimmten Lebensmitteln.* Das ist schon ein größeres Problem, das sich nicht so einfach mit einem kurzen Kapitel in einem Kochbuch lösen lässt. Ob Sie wirklich süchtig sind oder ob die ersten drei genannten Probleme Ihren Fressattacken zugrunde liegen, lässt sich am besten feststellen, indem Sie zuerst die einfacheren Dinge in Angriff nehmen: Achten Sie auf die Qualität der Zutaten, vermeiden Sie Aromen, Süßstoffe und Geschmacksverstärker, essen Sie mehrere kleinere Mahlzeiten, zu jeder Mahlzeit ein wenig Eiweiß und halten Sie sich bei den Hauptmahlzeiten an die Faustformel. Wenn Sie das soweit im Griff haben, aber trotzdem um 23 Uhr noch ins Auto steigen und zur Tankstelle fahren, weil keine Schokolade im Haus ist, dann steckt eine echte Sucht dahinter.

In der Steinzeit, für die unser Körper ja eigentlich noch immer gebaut ist, gab es wenig und vor allem nur recht kurzfristigen Stress. Wir haben uns nicht sehr schnell, aber dafür viel bewegt und die Nahrung, vor allem Fett und Zucker, war mühsam zu sammeln oder zu jagen. Daher ist es nur natürlich, dass wir ein besonderes Verlangen nach Fett, Zucker und Salz haben, denn diese Dinge waren schwierig aufzutreiben.

Unser Körper schüttet spezielle Botenstoffe aus, die uns aktiv werden lassen, um Fettes und Süßes zu sammeln oder zu »erlegen«, weil es für uns so wichtig war und in der Natur in konzentrierter Form nicht sehr häufig vorkam. Man konnte feststellen, dass im Gehirn die Zentren angesprochen werden, die sonst bei harten Drogen wie Heroin aktiv werden. Sie kennen das vielleicht, wenn Sie am späten Abend in Ihrer Küche auf Jagd waren, um die halb leere Chips- oder Kekspackung zu erlegen. Für Brokkoli wären Sie nicht von der Couch aufgestanden. Das liegt daran, dass Ihr Körper für Brokkoli keine besonderen Anstrengungen unternimmt: Pflanzen gab es in der Natur genug. Aber Dinge, die fett, süß und vielleicht zugleich auch salzig sind, sind besonders erstrebenswert für uns und unser Gehirn reagiert darauf wie auf eine echte Droge. Und manche von uns können richtiggehend süchtig werden. Wie schon gesagt, sprengt es leider den Rahmen dieses Buches, darauf näher einzugehen. Im Wochenend-Abnehmkurs in Loipersdorf beschäftigen wir uns im Detail mit diesem Thema.

Aber bevor Sie nun annehmen, dass Sie zu den Süchtigen gehören, sorgen Sie zuerst dafür, dass die anderen oben erwähnten Auslöser für Heißhunger aus dem Weg geräumt werden. Denn in den überwiegenden Fällen sind es klassische Ursachen wie Blutzuckerschwankungen und man hat den Heißhunger in ein bis zwei Tagen im Griff. Ich hatte bisher einen einzigen Fall in meinen Kursen in Loipersdorf, bei dem der Heißhunger auf Süßes über den zweiten Tag hinaus anhielt – es ist also wirklich selten.

Was sollten Sie also bei Heißhunger tun?

Bei Heißhunger sind Sie außer Kontrolle und essen Dinge, die Sie eigentlich nicht essen wollten. Per Definition. Es ist meiner Meinung nach deshalb sinnlos, darüber zu reden, was man essen oder tun sollte, wenn Heißhunger auftritt – denn wenn Sie das könnten, wäre Heißhunger ja kein Problem.

Sehen Sie also den Heißhunger nicht als eine Situation, in der Sie diszipliniert sein sollten, denn das sind Sie ja genau in dieser Situation nicht (oder es wäre kein Heißhunger ...), sondern sehen Sie es als Zeichen dafür, dass Sie noch irgendetwas falsch gemacht haben. Vielleicht haben Sie das Frühstück ausgelassen oder zum Frühstück das Eiweiß vergessen. Vielleicht waren die Abstände zwischen Ihren Mahlzeiten zu groß oder Sie haben bei den Mahlzeiten mehr als eine »Stärkefaust« und kein oder nicht genug Eiweiß gegessen. Manche von Ihnen sind so empfindlich, dass nur eine Tasse Kaffee oder ein schwarzer Tee pro Tag schon Heißhungerattacken auslösen kann, obwohl Sie sonst alles genau richtig machen.

Haben Sie also keine Schuldgefühle, wenn Heißhunger bei Ihnen auftritt. Heißhunger heißt nicht, dass Sie ein schlechter, undisziplinierter Mensch sind. Es heißt lediglich, dass sich noch irgendwo ein kleinerer oder größerer Fehler eingeschlichen hat, und wenn Sie den finden, dann ist Heißhunger ein Ding der Vergangenheit. Und wer keinen Heißhunger hat, der kann ganz entspannt an einem Kuchenbüffet oder an einer Schüssel Chips vorbeigehen. Probieren Sie es doch aus, es ist viel einfacher, als Sie denken!

Rezepte

Die Rezepte

Einleitung

Ich sag's Ihnen gleich: ich esse gerne und viel. Ich hasse kleine Portionen oder wenn ich das Gefühl habe, nur homöopathische Mengen auf meinem Teller zu sehen. Dazu kommt, dass ich möchte, dass jeder im Kurs für sich selbst entscheidet, wann er oder sie satt ist. Ich möchte sicher nicht im Vorhinein bestimmen, wie viel jeder essen sollte, denn dann kommt nur »Diätdenken« auf – nach dem Motto: Kein Wunder, dass ich abgenommen habe, ich hab ja so wenig zu essen bekommen. Außerdem haben wir immer einige Männer im Kurs – und die muss ich ja mit den Portionen auch satt bekommen. Daher eine kleine Warnung: Unsere Portionen in den Rezepten sind riesig. Wenn Sie also das eine oder andere Rezept nachkochen und feststellen, dass Sie die Portion nicht aufessen können, dann sollten Sie die Rezepte ein wenig anpassen bzw. verkleinern. Das Maß dabei ist aber nicht zu glauben, dass Sie weniger essen müssen, um abzunehmen (Achtung, Diätdenken!), sondern ob Sie satt sind und das Essen sonst stehen lassen würden.

Ich koche zwar gerne, bin aber – wenn ich nicht gerade ein Festessen für Freunde vorbereite – eine sehr faule Köchin, für die es schnell gehen muss. Da ich auch kein Fan vom Abwaschen bin, werfe ich meistens alles in einen Topf oder in eine tiefe Pfanne – und da haben wir dann die verschiedenen Currys, Nudel- und Reispfannen ...

Durch die Zusammenarbeit mit Ewald Pint ist es jetzt erstmals möglich, auch andere Rezepte und Geschmäcker zu präsentieren – für die sich auch typisch österreichische Gerichte und Geschmacksrichtungen mit der Faustformel ganz einfach kombinieren lassen. Ewald kocht natürlich auf einem ganz anderen Niveau, als ich es zu Hause tue, doch wir haben uns bemüht, die Gerichte so zu vereinfachen, dass sie auch ungeübte Köche ganz einfach nachkochen können.

Sie werden sehen, dass manche Mahlzeiten klassisch die Faustformel widerspiegeln, z. B. die Schweinemedaillons vom Grill mit Mangoldgemüse (S. 86). Das Filet entspricht der Handtellergröße Eiweiß, die Kartoffeln bilden die Stärkefaust, der Mangold entspricht zwei Fäusten Gemüse. Bei manchen Mahlzeiten ist es nicht so offensichtlich wie z. B. bei den Polenta-Mozzarellalaibchen (S. 118), wo die Kohlenhydrate und das Eiweiß kombiniert werden.

Wenn ein Rezept nicht der Faustformel entspricht, sondern man z. B. noch ein Stück Brot oder einen kleinen Salat dazu braucht, um auf die entsprechenden Mengen zu kommen, so ist das dort immer angegeben. In meinen Kursen in Loipersdorf, aber auch in meinem Alltag ist das Mittagessen eher die leichtere, das Abendessen eher die größere Mahlzeit. Bei einigen von Ihnen mag das Verwunderung auslösen, bei anderen gar Entsetzen. Denn jeder »weiß« doch, dass eine große Mahlzeit am Abend schlecht ist und zu Übergewicht führt. Dazu habe ich eine ganz kurze Antwort: Wenn das stimmen würde, wären die Menschen etwa in Spanien, Italien oder Frankreich viel dicker als sonstige Europäer, und wenn das so ungesund wäre, würden sie früher sterben. Sind sie aber nicht und tun sie nicht. Der Zeitpunkt der Einnahme einer Mahlzeit hat neueren Studien gemäß nichts, aber auch gar nichts mit dem Gewicht zu tun.

Ich habe aber noch andere Gründe, warum – entgegen der deutschen und österreichischen Tradition – das Abendessen größer und aufwendiger als das Mittagessen ausfällt. Das liegt einfach daran, dass wir tagsüber heutzutage meist unterwegs sind und einfach nicht die Zeit und Muße haben, uns in Ruhe eine Mahlzeit zuzubereiten und diese dann in aller Ruhe mit dem Partner und/oder den Kindern oder mit Freunden zu genießen. Doch dieser soziale Aspekt ist ein wesentlicher Bestandteil unserer Esskultur. Studien zeigen, dass Kinder, die gemeinsam mit ihren Eltern essen, sich in der Schule leichter tun, seltener rauchen, seltener Drogen nehmen und seltener zu Gewalt neigen.

Ich bin der Meinung, dass das Essverhalten vom familiären Umfeld gesteuert und geprägt wird, wie sehr sich Schulen auch bemühen, dagegenzusteuern und Kindern ein besseres Essverhalten beizubringen, das sie vielleicht so zu Hause nicht lernen können. Deshalb finde ich es umso wünschenswerter, das Abendessen wieder aufzuwerten und gemütlich richtige Mahlzeiten einzunehmen.

Wenn Sie abends immer nur Brote essen, wird das Abnehmen sicher schwierig werden und Ihren Kindern sind Sie damit auch kein großes Vorbild. Also probieren Sie ruhig unsere eher größeren Mahlzeiten am Abend. Wer Zeit und Ruhe hat, auch mittags zu kochen, kann die Rezepte selbstverständlich nach Lust und Laune austauschen. Vorschläge für einen Menüplan, wie wir sie in den Kursen servieren, finden Sie ab S. 40.

Alle Rezepte sind,
wenn nicht anders angegeben,
für zwei Personen berechnet.

Menüplan
Beispiel 1

Donnerstagabend
Selleriecremesuppe • S. 122
Pochierte Lachsforelle auf Wurzelgemüse mit Krensauce • S. 116

Freitagmittag
Salat vom Büfett
Polenta-Mozzarellalaibchen mit Kürbisgemüse • S. 118

Freitagabend
Kürbiscremesuppe • S. 96
Schweinemedaillons vom Grill mit Mangoldgemüse • S. 86

Samstagmittag
Salat vom Büfett
Bohnen-Gemüseeintopf mit Vollkornmakkaroni • S. 78

Samstagabend
Klare Gemüsesuppe mit Gemüseeinlage • S. 70
Gegrilltes Hühnerfilet mit Grünkern-Wurzelgemüse und Brokkoli • S. 98

Sonntagmittag
Salat vom Büfett
Mangold-Schafskäselaibchen mit Lauchgemüse • S. 60

Menüplan
Beispiel 2

Donnerstagabend
Salat vom Büfett
Saiblingsfilet mit Kräutern, Bärlauchreis und Brokkoli, • S. 50

Freitagmittag
Spargelcremesuppe • S. 46
Blattsalat mit Schafskäse, Pilzen und Kartoffeln • S. 48

Freitagabend
Salat vom Büfett
Gebratener Lammrücken mit Bärlauchkartoffeln und Fisolen • S. 56

Samstagmittag
Salat vom Büfett
Gemüse-Kartoffelauflauf • S. 88

Samstagabend
Klare Gemüsesuppe mit Gemüseeinlage • S. 70
Gebratene Hühnerbrust mit buntem Spargelgemüse und Bärlauchsauce • S. 52

Sonntagmittag
Salat vom Büfett
Tofu-Quinoalaibchen mit Wirsinggemüse • S. 114

Ewalds Tipps und Tricks

Zeit sparen

Einige Lebensmittel kann man problemlos auf Vorrat kochen, weil sie sich gut 2–3 Tage halten. Dazu gehören z. B.: Käferbohnen, Spargel, Getreideprodukte (wie z. B. Reis oder Grünkern), Rindfleisch (für den Suppentopf und die Sulz). Käferbohnen, wie fast alle Bohnen, lassen sich gut einfrieren. Da lohnt sich dann die Mühe, da man sie über Nacht einweichen lassen muss und in reichlich Salzwasser (siehe auch Tipp »Mit oder ohne Salz?«) weich kocht.

Was tun mit altem Brot?

Altes Gebäck, das noch nicht schimmlig ist, in kleine Würfel schneiden und lufttrocknen oder im abkühlenden Rohr bei einer Temperatur unter fünfzig Grad trocknen. Man kann das Brot und Gebäck auch im Ganzen trocknen und mit einer feinen Reibe oder Küchenmaschine zu Bröseln verarbeiten. Es kann ruhig auch Vollkornbrot oder Gebäck dabei sein.

Wie bleiben Kräuter frisch?

Kräuter in kaltes Wasser stellen oder in ein feuchtes Tuch oder in Klarsichtfolie einpacken und im Kühlschrank aufbewahren.

Mit oder ohne Salz?

Bei manchen Dingen liegen Ewald und ich weit auseinander. Z. B. würde ich niemals Salz ins Kochwasser von Hülsenfrüchten (z. B. Linsen oder Käferbohnen) geben, weil ich finde, dass dann immer ein kleiner harter Kern bleibt und die Bohnen oder Linsen nie ganz weich werden. Ewald hat genau die gegenteilige Erfahrung gemacht und kocht Hülsenfrüchte immer in Salzwasser – dafür salzt er Reis etc. erst ganz zum Schluss – ich dagegen von Anfang an. Da die Rezepte in diesem Buch immer von Ewald gekocht wurden, kochen die Hülsenfrüchte hier in gesalzenem Wasser. Wer aber – wie ich – damit Probleme hat: Einfach mal ohne Salz probieren.

Die Saison verlängern

Pilze kann man auch mit Öl und Kräutern marinieren und in luftdicht verschließbaren Behältern konservieren. Wichtig: Das Öl muss über den Pilzen stehen. Bärlauch kann man auch in größeren Mengen blanchieren (kurz in heißes Wasser tauchen und dann in eiskaltem Wasser abschrecken) und in kleinen Portionen einfrieren. Ca. 1 bis 2 Monate haltbar.

Tipps fürs Fleisch & Fisch

Das Rindfleisch zum Kurzbraten lieber etwas früher kaufen (im Kühlschrank zwischenlagern) und auf eine feine Fettmarmorierung achten. Das Fleisch sollte vor dem Braten Zimmertemperatur annehmen und man sollte es nach dem Braten ein paar Minuten abgedeckt rasten lassen – so wird es saftiger! Bei Fisch darauf achten, dass die Kiemen schön rot, die Augen klar und das Fleisch schön fest ist.

Gemüsebrühe/-fond

Gemüsefond = Basis zum Aufgießen,
für Suppe, als Brühwürfelersatz usw.

Wer keine selbst gemachte Gemüsebrühe zu Hause hat, kann ersatzweise auch einen Brühwürfel in der entsprechenden Menge Wasser auflösen. Aber unbedingt darauf achten, dass der Brühwürfel keine Geschmacksverstärker (z. B. Mononatriumglutamat), kein Hefeextrakt und keine Aromen enthält. Diese sind zwar schwierig zu finden, aber es gibt sie!

Einen Gemüsefond kann man ganz einfach aus dem »Gemüsezuputz« (also den Schalen, Enden und holzigen Teilen, die man vor dem Kochen entfernt hat (aber natürlich keine fauligen oder schimmligen Teile), selber kochen und dann einfrieren. Gut portionieren lässt sich die Suppe, wenn man sie vorher in Eiswürfelbehältern einfriert und dann in Plastiktüten umpackt.

Klare Gemüsesuppe – Grundrezept

Am besten geeignet für Gemüsefonds sind alle Wurzelgemüsearten: Nicht zu viel Fenchel (bekommt einen sehr intensiven Geschmack) und maximal 1–2 Tomaten.

Das Grundrezept für den Gemüsefonds finden Sie auf Seite 70.

Spargelfond

Aus den Spargelschalen und den Spargelenden kann man einen Fond bereiten: Schalen mit etwas Milch und einer alten Semmel oder Toastbrot aufstellen und für ein paar Minuten leicht köcheln lassen, durch ein feines Sieb seihen und kalt stellen. Man kann gleich etwas mehr Spargel schälen und in einem feuchten Geschirrtuch im Kühlschrank ca. 2–3 Tage aufbewahren.

Frühling

Spargelcremesuppe

Frühling

Zutaten für 2 Personen

300 g Spargel (ca. 2 Faustgrößen), grün und weiß gemischt, je nach Geschmack
1 kleines Glas Gemüsefond (siehe Tipps S. 43)
3 EL Milch
3 EL Schlagobers
1 TL Mehl

Weißen Spargel schälen und bei weißem und grünem Spargel die holzigen Enden abschneiden. Spargelstangen in Stücke schneiden, die Spitzen längs halbieren und zur Seite stellen.

Etwas Butter (1–2 TL) in einem Topf schmelzen, mit Mehl bestäuben, kurz aufschäumen lassen und mit Gemüsefond (oder Spargelfond, siehe Ewalds Tipps und Tricks, S. 43) aufgießen. Milch und Schlagobers einrühren, salzen, pfeffern und evtl. eine Prise Zucker unterrühren.

Spargelstücke (nicht die Spitzen) dazugeben und langsam köcheln lassen, bis der Spargel ziemlich weich ist. Mit dem Mixstab pürieren.

Die Spargelspitzen dazugeben, nochmal kurz köcheln lassen, mit Salz und Pfeffer abschmecken.

Dieses Rezept entspricht einer Gemüsefaust.

Für eine Mahlzeit nach der Faustformel fehlen hier jedoch noch mehr Gemüse, Eiweiß und stärkehaltige Kohlenhydrate.

Blattsalat

mit Schafskäse, Pilzen und Kartoffeln

Frühling

Zutaten für 2 Personen

3 Faustgrößen Blattsalat
2 Handtellergrößen Schafskäse
2 Faustgrößen kleine Kartoffeln
1 kleine Knoblauchzehe
½ Chilischote
2 Faustgrößen Kräuterseitlinge oder Austernpilze (oder auch Champignons)
2 EL Kürbiskernöl
etwas Senf

Kartoffeln schälen, in Scheiben schneiden und in reichlich Wasser gar kochen.

Pilze putzen (dabei NICHT waschen, sondern nur trocken abreiben), vierteln oder der Länge nach in dickere Scheiben schneiden. In einer Pfanne mit ein wenig Olivenöl (»einmal um die Pfanne«) scharf anbraten, bis die austretende Flüssigkeit verkocht ist.

Kurz bevor alle Flüssigkeit verkocht ist, den fein gehackten Knoblauch, die fein gehackte Chili (Kerne entfernen) dazugeben und mit Salz und Pfeffer würzen. Zur Seite stellen.

Aus Kürbiskernöl, Apfelessig (oder anderem Essig), Senf, Salz und Pfeffer eine Salatsauce rühren. Salat waschen, gut trocken schleudern, die Kartoffelscheiben hinzugeben und alles mit dem Dressing marinieren. Schafskäsewürfel und Pilze darüber verteilen.

Dieses Rezept entspricht der Faustformel.

Saiblingsfilet

mit Kräutern, Bärlauchreis und Brokkoli

Frühling

Zutaten für 2 Personen
2 handtellergroße Saiblingsfilets, ca. 240 g
3 Faustgrößen Brokkoli
5–6 EL Langkornreis
1 Handvoll Bärlauch
2 Zweige Rosmarin oder Thymian
1 Zitrone
etwas Wasser oder Gemüsefond

Saiblingsfilets auf Gräten kontrollieren und diese bei Bedarf entfernen (am leichtesten geht das mit einer Pinzette).

Den Bärlauch blanchieren: dazu kurz in kochendes Wasser geben, kurz aufkochen lassen, mit kaltem Wasser abschrecken und abtropfen lassen.

Reis mit doppelt so viel Wasser und einer Prise Salz zum Kochen bringen und auf kleiner Flamme al dente köcheln. Brokkoli dämpfen oder in ganz wenig Wasser dünsten, bis er gar ist, aber noch Biss hat.

Die Fischfilets in einer Pfanne mit ein wenig Butterschmalz oder Kokosfett auf der Hautseite knusprig braten. Wenn die Oberseite glasig wird, Thymian oder Rosmarin zugeben, den Fisch wenden und die Pfanne zur Seite ziehen. Mit der restlichen Hitze gar ziehen lassen.

In einer Pfanne ein wenig Butter (1–2 TL) schmelzen, Reis mit etwas Wasser oder Gemüsefond zugeben und den Bärlauch unterrühren. Mit Salz und Pfeffer abschmecken.

Fischfilets, Reis und Brokkoli anrichten und mit Zitronenspalten garnieren.

Dieses Rezept entspricht der Faustformel.

Gebratene Hühnerbrust

mit buntem Spargelgemüse und Bärlauchsauce

Frühling

Zutaten für 2 Personen

ein paar Blätter Bärlauch
2 Handtellergrößen Hühnerbrust, ca. 240 g
2 EL Milch
80 g Langkornreis
2 EL Schlagobers
200 g grüner Spargel, gewaschen, die holzigen Enden abgebrochen
200 g weißer Spargel, gewaschen, dünn geschält
1 TL Mehl

Reis in doppelt so viel Wasser aufsetzen und al dente kochen. Backrohr auf 120° C vorheizen. Den Bärlauch mit kochendem Wasser übergießen und dann kurz abschrecken.

Hühnerbrust salzen und pfeffern und in einer Pfanne mit ein wenig Butterschmalz oder Kokosfett von beiden Seiten scharf anbraten. Anschließend ca. 12 Minuten ins Backrohr stellen.

Spargel schräg in Stücke schneiden und in ein wenig Olivenöl (»einmal um die Pfanne«) sanft knackig braten. Evtl. einen Schuss Wasser dazugeben und mit geschlossenem Deckel »dampfbraten«, bis der Spargel gar ist, aber noch Biss hat. Zum Schluss den Reis unterrühren und mit Salz und Pfeffer abschmecken.

Für die Sauce ein wenig Butter (ca. 1 EL) in einem kleinen Topf schmelzen lassen, mit ca. 1 TL Mehl bestäuben und kurz aufschäumen lassen. Unter ständigem Rühren Milch und Schlagobers unterrühren. Mit Salz und Pfeffer würzen, einmal kurz aufkochen lassen, dann den fein geschnittenen Bärlauch dazugeben und zur Seite stellen. Das Fleisch in der Mitte schräg durchschneiden (Kontrolle wegen des Garpunkts), mit dem Spargelreis und der Sauce anrichten.

Dieses Rezept entspricht der Faustformel.

Grünkern-Spargelpfanne

Frühling

Zutaten für 2 Personen
2 Faustgrößen grüner Spargel
5–6 EL Grünkern, ungekocht
6 EL geriebener Asmonte
(oder Parmesan)
2 EL gestückelte Tomaten (Dose)
1 EL Vollkornmehl
1 kleines Glas Gemüsefond
(siehe Tipp S. 43)
2 EL gehackte Petersilie
½ kleines Glas Milch
2 EL Schlagobers

Grünkern in doppelt so viel Wasser mit einer Prise Salz bissfest kochen.

In einem Topf das Mehl in ein wenig Butter anschwitzen, aufschäumen lassen und dann nach und nach unter ständigem Rühren den Gemüsefond zugießen. Milch und Schlagobers dazugeben.

Die holzigen Enden vom Spargel abbrechen, den Spargel in grobe Stücke schneiden, in den Topf geben und einige Minuten leicht köcheln lassen.

Wenn der Spargel gar ist, aber noch Biss hat, den Grünkern einrühren und bei Bedarf ein wenig Wasser oder Gemüsebrühe nachgießen. Salzen, pfeffern, die Tomatenwürfel und Petersilie dazugeben. Mit Asmonte bestreut servieren.

Information:

Damit diese Mahlzeit der Faustformel entspricht, fehlt noch eine Faustgröße Gemüse.
Dazu passt gut ein Blattsalat mit Olivenöl.

Gebratener Lammrücken

mit Bärlauchkartoffeln und Fisolen

Frühling

Zutaten für 2 Personen
2 Handtellergrößen Lammrücken ohne Knochen, ca. 240 g
2 Faustgrößen Kartoffeln
1 Handvoll Bärlauch
3 Faustgrößen Fisolen
3 Knoblauchzehen, geschält und fein gehackt
2 Rosmarinzweige

Bärlauch kurz blanchieren, ihn dazu in kochend heißes Wasser geben, aufkochen lassen, abgießen und mit kaltem Wasser abschrecken.

Fisolen dämpfen oder mit Wasser bedeckt bissfest kochen. Kartoffeln schälen, vierteln und ebenfalls dämpfen oder in Wasser gar kochen.

Ofen auf 150° C vorheizen. Lammfilets salzen und pfeffern und in einer backrohrtauglichen Pfanne in ein wenig Butterschmalz oder Kokosfett (1–2 TL) auf beiden Seiten scharf anbraten. 2 Knoblauchzehen schälen, zerdrücken und mit den Rosmarinzweigen zum Lamm geben. Für ca. 10 Minuten ins vorgeheizte Rohr geben.

Die Fisolen in einer Pfanne mit ein wenig Butter (1–2 TL) erwärmen, salzen, pfeffern und eine fein gehackte Knoblauchzehe unterrühren.

Die Kartoffeln in ein wenig Butter und dem gehackten Bärlauch schwenken.

Dieses Rezept entspricht der Faustformel…

… auch ohne den Blattsalat – aber mit schmeckt's besser! :-)

Gebratene Forelle im Paket

mit Spargel und Fenchel

Frühling

Zutaten für 2 Personen

1 große oder
zwei kleine Forellen, ca. 240 g
2 Faustgrößen Kartoffeln
1 kleine Fenchelknolle
2 Faustgrößen grüner Spargel
1 Knoblauchzehe
1 Zweig Rosmarin
1 Zweig frischer Thymian
1 unbehandelte (Bio-)Zitrone, in Scheiben
Backpapier, evtl. Alufolie

Ofen auf 200° C vorheizen. Forelle(n) innen und außen waschen und trocken tupfen. Knoblauchzehe schälen, leicht andrücken und mit den Zitronenscheiben und den Kräutern in die Bauchhöhle legen.

Kartoffeln schälen, in Scheiben schneiden und in Salzwasser kurz aufkochen und ein paar Minuten sprudelnd kochen. Inzwischen Fenchel halbieren, den Strunk herausschneiden und längs in feine Streifen schneiden. Die holzigen Enden vom Spargel abbrechen.

Gemüse auf das Backpapier legen, salzen und peffern. Die Forelle auf das Gemüse legen. Papier von der Seite her einschlagen und so ein Paket machen, dass keine Flüssigkeit auslaufen kann (evtl. das ganze Paket in Alufolie wickeln, damit es fest verschlossen ist). Bei zwei kleinen Forellen zwei Pakete mit je der Hälfte des Gemüses machen.

Auf der mittleren Schiene ca. 20 Minuten im Rohr backen (kleine Forellen 1–2 Minuten kürzer). Das Päckchen aus dem Rohr nehmen, vorsichtig öffnen. Gemüse auf zwei Tellern anrichten, die Forellen filetieren und das Fleisch auf das Gemüse legen. Mit dem Sud beträufeln.

Dieses Rezept entspricht der Faustformel.

Mangold-Schafskäselaibchen

mit Lauchgemüse

Frühling

Zutaten für 2 Personen

2 Faustgrößen Mangold
1 große Stange Lauch
1 kleine Zwiebel
100 g heimischer Schafs- oder Ziegenkäse
2 Eier
180 g Tofu (fest, natur)
1 Knoblauchzehe
6 EL Milch
2 El Schlagobers
2 TL Mehl
4 EL Semmelbrösel

Zwiebel und Knoblauch fein hacken und ein paar Minuten stehen lassen. Inzwischen die Lauchstange der Länge nach halbieren und waschen. Quer in Streifen schneiden. Beim Mangold den Strunk entfernen und die Blätter in Streifen schneiden.

In einer Pfanne mit ein wenig Olivenöl (»einmal um die Pfanne«) Zwiebeln und Knoblauch anschwitzen. Mangold dazugeben und einige Minuten dünsten.
Das Gemüse ein wenig abkühlen lassen. Tofu mit einer Gabel möglichst fein zerdrücken oder in der Küchenmaschine cuttern (fein hacken) und mit dem Gemüse, den Eiern, dem geriebenen Käse und den Semmelbröseln zu einer kompakten Masse verarbeiten. Salzen und pfeffern.

Handtellergroße Laibchen formen und in ein wenig Olivenöl (»einmal um die Pfanne«) bei sanfter Hitze langsam beidseitig braten.

In der Zwischenzeit den Lauch in einer Pfanne mit ein wenig Butter anschwitzen. Mit einem Schuss Wasser angießen, mit dem Deckel verschließen und einige Minuten »dampfbraten«. Mit Mehl bestäuben, mit Milch und Schlagobers aufgießen und mit Salz abschmecken. Die Laibchen auf dem Lauchgemüse anrichten.

Dieses Rezept entspricht der Faustformel.

Steirischer Schwarzbrotburger

Frühling

Zutaten für 2 Personen
2 handtellergroße Stücke Schweinskarree
2 EL Kürbiskernöl
½ Becher Sauerrahm
4 Faustgrößen Blattsalat
2 Tomaten
1 kleine Zwiebel
4 dünne Scheiben Vollkornroggenbrot

Schweinskarree salzen und pfeffern und in einer Grillpfanne mit ein wenig Olivenöl (»einmal um die Pfanne«), Butterschmalz oder Kokosfett auf beiden Seiten scharf anbraten. Warm stellen.

Zwiebel in ganz feine Ringe schneiden. Tomaten in Scheiben schneiden. Vollkornbrot toasten. Sauerrahm mit dem Kürbiskernöl verrühren, salzen und pfeffern.

Je eine Scheibe vom Brot mit Tomaten und Zwiebeln belegen, das Fleisch darauf legen, die Kernölcreme darüber verteilen und die anderen Brotscheiben darauf legen.

Den Blattsalat mit Essig und Öl (hier passt gut Kürbiskernöl) marinieren und dazu servieren.

Dieses Rezept entspricht der Faustformel.

Gebratene Hühnerbrust

mit Kohlrabigemüse und Kürbis

Frühling

Zutaten für 2 Personen
2 Handtellergrößen Hühnerfilet, ca. 240 g
2 Faustgrößen Muskatkürbis, in Stifte geschnitten
2 Faustgrößen Kohlrabi, in Stifte geschnitten
1 kleines Glas Gemüsebrühe (siehe Tipp S. 43)
1 Knoblauchzehe
4 EL Milch oder Sojamilch
2 Faustgrößen Kartoffeln oder 2 Scheiben Brot

Backrohr auf 150° C vorheizen. Hühnerfilet salzen und pfeffern und in ein wenig Butterschmalz oder Kokosfett anbraten. Kürbisstifte dazugeben und einige Minuten mitbraten. Hühnerfleisch wenden, einen Schuss Gemüsebrühe angießen und die Pfanne für 10–12 Minuten in den Ofen stellen.

Knoblauch fein hacken und ein paar Minuten rasten lassen. Die Kartoffeln, wenn verwendet, schälen, in Stücke schneiden und gar kochen.

In einer Pfanne mit ein wenig Olivenöl (»einmal um die Pfanne«) den Knoblauch anbraten. Kohlrabistifte dazugeben, noch 1–2 Minuten weiterrühren, dann mit Gemüsebrühe ablöschen und mit einem Deckel verschlossen einige Minuten »dampfbraten«, bis das Gemüse gar ist, aber noch Biss hat.

Salzen, pfeffern, Milch oder Sojamilch dazugeben und leicht einkochen lassen. Zu Hühnerbrust und Kürbisgemüse servieren, dazu das Brot oder die Kartoffeln reichen.

Dieses Rezept entspricht der Faustformel.

Pochiertes Ei

mit Spinat und Kartoffeln

Frühling

Zutaten für 2 Personen
4 Eier (möglichst biologische bzw. aus Weidehaltung)
2 Faustgrößen Kartoffeln
4 Faustgrößen Spinat
1 Knoblauchzehe
1 Schuss Essig

Knoblauch fein hacken und ein paar Minuten rasten lassen. Kartoffeln schälen, in Würfel schneiden und in sprudelndem Salzwasser weich kochen.

In einer Pfanne den Knoblauch in ein wenig Olivenöl (»einmal um die Pfanne«) anschwitzen, dann den noch tropfnassen Spinat zugeben. Zusammenfallen lassen, salzen und pfeffern.

Leicht gesalzenes Wasser mit einem Schuss Essig zum Sieden bringen. Eier in einer Tasse einzeln aufschlagen, langsam ins leicht wallende Wasser einfließen lassen und mit einem Kochlöffel in Form bringen. Pro Ei ca. 3 Minuten kochen, dann mit einem Schaumlöffel herausnehmen.

Mit den Kartoffelwürfeln und dem Spinat auf zwei Tellern anrichten und nach Bedarf salzen und pfeffern.

TIPP
Man kann statt der pochierten Eier auch (sehr) sanft gebratene Spiegeleier servieren.

Dieses Rezept entspricht der Faustformel.

Es hat wegen der Kombination von Kartoffeln und Ei eine besonders hohe Eiweißwertigkeit.

Sommer

Sommer

Klare Gemüsesuppe

mit Gemüseeinlage

Sommer

Zutaten für 2 Personen

Grundrezept Gemüsesuppe:
2 mittelgroße Karotten
1 gelbe Rübe
1 Stück von einer Sellerieknolle
1 kleine Zucchini
1 mittlere Zwiebel
2 Tomaten
1 Zweig Liebstöckel
1 Lorbeerblatt
1 Handvoll Petersilie
6 Wacholderbeeren

Für die Einlage:
Je eine Faustgröße gemischtes, klein geschnittenes Gemüse, z. B. geraspelte Karotten, in sehr kleine Würfel geschnittene Zucchini oder Sellerieknolle,
1–2 EL Erbsen etc.
1–2 EL Schnittlauch, fein gehackt.

Karotten, Rübe, Sellerie, Zucchini und Zwiebel putzen, grob hacken und in einem Topf kurz anrösten. Mit Wasser bedecken, dann Tomaten, Lorbeer und Wacholderbeeren dazugeben. Aufkochen lassen. Nach einiger Zeit Petersilie und Liebstöckel dazugeben und ca. 40 Minuten auf kleiner Flamme ziehen lassen. Evtl. hin und wieder abschöpfen.

Die Brühe durch ein ganz feines Sieb seihen (dazu am besten mit einem sauberen Geschirrtuch oder Küchenkrepp auslegen). Den Fond noch etwas einkochen lassen, dadurch wird er intensiver. Mit Salz und Pfeffer abschmecken. Für die Einlage die Suppe wieder zum Kochen bringen und die Gemüseeinlage nach und nach zugeben: Karotten und Sellerie zuerst, später Zucchini und Erbsen (weil sie schneller weich werden). Mit gehacktem Schnittlauch bestreut servieren.

TIPP

Die restliche Brühe lässt sich gut in Gefrierbeuteln oder zum Verfeinern auch in Eiswürfelbehältern einfrieren!

Dieses Rezept entspricht einer Gemüsefaust.

Für eine Mahlzeit nach der Faustformel fehlen hier jedoch noch mehr Gemüse, Eiweiß und stärkehaltige Kohlenhydrate.

Kartoffel-Jungzwiebelsuppe

Sommer

Zutaten für 2 Personen

1 Bund Frühlingszwiebeln, ca. 100 g
2 mittelgroße Kartoffeln
2 große Gläser Gemüsebrühe (siehe Tipp S. 43)
4 EL Sojamilch, ungezuckert
ein paar Blätter frischer Liebstöckel

Die Kartoffeln schälen und in kleine Würfel schneiden. Jungzwiebeln in feine Streifen schneiden.

Gemüsebrühe aufkochen, die Kartoffelwürfel darin weich kochen. Jungzwiebeln zugeben und noch 1–2 Minuten köcheln lassen.

Sojamilch unterrühren, salzen, pfeffern und mit gehacktem Liebstöckel würzen. Mit dem Mixstab pürieren und nicht mehr kochen lassen.

Information:

Dieses Rezept entspricht einer Faustgröße Gemüse und ca. der Hälfte der stärkehaltigen Kohlenhydrate. Für eine Mahlzeit nach der Faustformel sollte man nach dieser Vorspeise also noch eine Faustgröße Gemüse, eine Handtellergröße Eiweiß, aber nur eine halbe Faustgröße stärkehaltige Kohlenhydrate essen.

Spaghetti

mit buntem Gemüse und Mozzarella

Sommer

Zutaten für 2 Personen

100 g Vollkornspaghetti
200 g Mozzarella, in kleine Würfel geschnitten
2 Karotten, geraspelt
2 große Stangen Sellerie, in feine Streifen geschnitten
1 kleine Zucchini, grob geraspelt
2 kleine Zwiebeln
1 Knoblauchzehe
gehackte Petersilie zum Bestreuen
1 Schuss Sojasauce

Wasser mit einer guten Prise Salz zum Kochen bringen. Die Spaghetti darin al dente kochen.

Inzwischen Zwiebeln und Knoblauch in ein wenig Olivenöl (»einmal um die Pfanne«) anschwitzen, Karotten und Sellerie zugeben und alles langsam braten.

Nach einigen Minuten die Zucchini zugeben und noch einmal einige Minuten sanft braten.

Spaghetti unterrühren und mit Sojasauce abschmecken. Mozzarellawürfel darüber streuen, kurz durchrühren und mit Petersilie bestreut servieren.

Dieses Rezept entspricht der Faustformel.

Gefüllter Paprika

in Tomaten-Karottensauce

Sommer

Zutaten für 2 Personen

2 mittelgroße (oder 4 kleine) grüne Paprika
2 Handtellergrößen Rinds-faschiertes, ca. 240 g
4 EL Langkornreis
1 Dose gestückelte Tomaten
1–2 Karotten, gerieben
1 kleine Zwiebel
¾ l Gemüsefond (siehe Tipp S. 43)
Kümmel
Majoran

Reis in mindestens doppelt so viel Wasser gar kochen. Ofen auf 120° C vorheizen.

Das obere Ende von den Paprikaschoten abschneiden und die Schoten aushöhlen.

Faschiertes mit Reis vermischen, mit Salz, Pfeffer, Kümmel und Majoran würzen und in die Paprikaschoten füllen. Zwiebel fein hacken und in einem Topf mit ein wenig Olivenöl (»einmal um die Pfanne«) anschwitzen. Tomaten und Karotten dazugeben, salzen, pfeffern und mit dem Gemüsefond aufgießen. Aufkochen und abschmecken.

Paprika in die Tomatensauce setzen und den Topf in den Ofen stellen. Ofen auf 90° C zurückschalten und Paprika ca. 30 Minuten garen. Paprika gelegentlich wenden (damit er oben nicht austrocknet).

Dieses Rezept entspricht der Faustformel …

… auch ohne den Blattsalat – aber mit schmeckt's besser! :-)

Bohnen-Gemüseeintopf

mit Vollkornmakkaroni

Sommer

Zutaten für 2 Personen

1 Dose weiße Bohnen
(oder ca. 2 Handvoll
gekochte weiße Bohnen)
1 Handvoll Vollkornmakkaroni
1 Dose gestückelte Tomaten
½ Fenchelknolle, in feinen Streifen
1 kleine Zucchini, in kleinen Würfeln
1 Zwiebel, gehackt
1–2 Karotten, in kleinen Würfeln
1 Knoblauchzehe, gehackt
ein paar Blätter Basilikum, gehackt
1–2 EL Petersilie, gehackt
2 Gläser Gemüsefond
(siehe Tipp S. 43)

In einem Topf Wasser mit einer Prise Salz zum Kochen bringen. Die Nudeln darin al dente kochen.

In einem größeren Topf Zwiebel und Knoblauch in ein wenig Olivenöl (»einmal um den Topf«) glasig dünsten. Fenchel, Karotten, und Zucchini nach und nach (Zucchini zum Schluss) dazugeben und noch einige Minuten weiter rösten. Mit einem Schuss Essig (gut schmeckt hier Tomatenessig) ablöschen, Tomatenstücke dazugeben, mit Gemüsefond aufgießen, die Bohnen unterrühren und einige Minuten köcheln lassen.

Den Eintopf mit Salz und Pfeffer abschmecken und die abgetropften Nudeln unterrühren. Noch einmal kurz aufwallen lassen und mit Basilikum und Petersilie bestreut servieren.

Dieses Rezept entspricht der Faustformel.

Gebratene Beiriedschnitte

mit cremiger Kräuterpolenta und Balsamicotomaten

Sommer

Zutaten für 2 Personen

2 handtellergroße Stücke Beiried, ca. 240 g
4 Handvoll Cherrytomaten
100 g feine Polenta
3 EL Schlagobers
ein paar Blätter frischer Basilikum
1 Zweig Rosmarin
2 Zweige Thymian
Balsamicoessig

Am Tag vorher: Das Beiried je nach Qualität und Reifegrad ein paar Stunden oder noch besser 24 Stunden im Kühlschrank mit 2 EL Öl und dem halben Rosmarin und Thymian marinieren.

Zubereitung: Backrohr auf 120° C vorheizen. In einer heißen Pfanne die gesalzenen und gepfefferten Steaks (man kann sie auch mit etwas Senf einreiben) in ein wenig Butterschmalz oder Kokosfett auf beiden Seiten scharf anbraten. Thymian und Rosmarin wieder dazugeben. Für ca. 8–10 Minuten ins Backrohr fertig ziehen lassen (je nach Geschmack rare, medium oder well done).

In der Zwischenzeit restliche Kräuter abzupfen und fein hacken. In einem kleinen Topf die Polenta kurz trocken rösten, mit ca. 300 ml Wasser auffüllen (bei Bedarf nachgießen) und einige Minuten sprudelnd kochen lassen (umrühren!). Salzen, pfeffern und die restlichen gehackten Kräuter unterrühren. Schlagobers dazugeben und durchrühren und fertig quellen lassen.
Das Fleisch aus dem Rohr nehmen und zugedeckt noch ein wenig rasten lassen.

Die Fleischpfanne wieder erhitzen, die Cherrytomaten scharf anbraten, würzen, evtl. eine Prise Zucker darüber streuen und leicht karamellisieren, mit Balsamicoessig ablöschen, Basilikum darüber streuen und warm stellen. Fleisch leicht schräg zur Faser in ca. 1 cm dicke Scheiben schneiden und mit Polenta und Tomaten servieren.

Information:

Damit diese Mahlzeit der Faustformel entspricht, fehlt hier noch eine knappe Handvoll Gemüse, z. B. ein kleiner Blattsalat.

Gefüllte Zucchini

mit Tomatensauce

Sommer

Zutaten für 2 Personen

ca. 200 g Rindsfaschiertes
1 Dose gestückelte Tomaten
2 Faustgrößen Kartoffeln
6 EL geriebener Asmonte (oder Parmesan)
2 kleine Zucchini
½ Karotte
½ gelbe Rübe
1 kleines Stück Sellerieknolle
1 kleine Zwiebel
1–2 Knoblauchzehen
ein paar Blätter frischer Basilikum
ein paar Nadeln Rosmarin
2 TL Tomatenmark
1 Schuss Balsamicoessig

Backrohr auf 160° C vorheizen. Zwiebel und Knoblauch fein hacken. Karotten, Sellerie und gelbe Rübe sehr fein hacken oder mit der Küchenmaschine grob raspeln. Die Zucchini der Länge nach halbieren und mit einem Löffel aushöhlen. Das Fruchtfleisch hacken und zum anderen Gemüse geben.

Kartoffeln schälen und in Salzwasser gar kochen.

In einer heißen Pfanne die Hälfte der Zwiebeln und das Rindfleisch in ein wenig Olivenöl (»einmal um die Pfanne«) scharf anbraten. Das restliche Gemüse und den Rosmarin dazugeben, salzen, pfeffern und so lange weiter braten, bis die Flüssigkeit verdampft ist.

Masse in die Zucchini füllen, in eine ofenfeste Form setzen und mit dem Käse bestreuen. Im Rohr ca. 25 Minuten braten.

Restliche Zwiebeln in die Pfanne geben und mit dem Knoblauch in ein wenig Olivenöl (»einmal um die Pfanne«) anschwitzen, das Tomatenmark kurz mitrösten, dann mit einem Schuss Balsamicoessig ablöschen. Die Tomatenwürfel dazugeben, salzen, pfeffern und den gehackten Basilikum unterrühren. Kurz aufkochen und mit den Kartoffeln zu den Zucchini servieren.

Dieses Rezept entspricht der Faustformel.

Gefüllte Melanzaniröllchen

mit Polenta, Schafskäse und Rucola

Sommer

Zutaten für 2 Personen

1 mittelgroße Melanzani
½ rote Paprika
¼ l Gemüsefond
(siehe Tipp S. 43)
4 EL feine Polenta
4 große Handvoll Rucola
2 EL Sauerrahm
100 g Schafskäse

Melanzani der Länge nach (!) in ca. 1 cm dicke Scheiben schneiden, salzen, auf ein Küchentuch legen und ca. 20–30 Minuten ziehen lassen (das macht sie weniger bitter). Danach trocken tupfen.

Inzwischen den Schafskäse und den Paprika in kleine Würfel schneiden.

Melanzanischeiben in ein wenig Olivenöl (»einmal um die Pfanne«) von beiden Seiten anbraten. Herausnehmen und beiseitestellen.

Gemüsefond zum Kochen bringen und Polenta unter Rühren einrieseln lassen. 1–2 Minuten unter Rühren kochen, dann zur Seite ziehen und zugedeckt quellen lassen. Paprika, Schafskäse und Sauerrahm unterrühren.

Melanzanischeiben mit der Fülle bestreichen und eng einrollen. Rucola mit Essig und Öl marinieren und mit den Melanzaniröllchen servieren.

Information:

Damit das Gericht der Faustformel entspricht, fehlen hier noch stärkehaltige Kohlenhydrate, z. B. eine Scheibe Vollkornbrot.

Schweinsmedaillons vom Grill

mit Mangoldgemüse

Sommer

Zutaten für 2 Personen
2 handtellergroße Schweinsfilets, ca. 240 g
2 Faustgrößen Kartoffeln
2 Knoblauchzehen
4 Faustgrößen Mangold
1 kleine Zwiebel
2 El geriebenen Asmonte (oder Parmesan)
1 EL Schlagobers

Zwiebel und Knoblauch in kleine Würfel schneiden und einige Minuten rasten lassen, damit die positiven Eigenschaften verstärkt werden.

Die Kartoffel schälen, vierteln und mit Wasser bedeckt gar kochen. Die Strünke aus dem Mangold schneiden, den Rest in Streifen schneiden. In einer Pfanne ein wenig Butter schmelzen, Zwiebeln und Knoblauch darin glasig anschwitzen. Mangold zugeben und 1–2 Minuten sanft braten. Einen Schuss Wasser dazugeben, die Pfanne mit einem Deckel verschließen und einige Minuten »dampfbraten«, bis der Mangold gar ist, aber noch Biss hat. Schlagobers hinzugeben und mit Salz und Pfeffer abschmecken.

Währenddessen Schweinsfilets in ca. 2 cm dicke Scheiben schneiden, mit Salz und Pfeffer würzen und in einer heißen Pfanne in ein wenig Butterschmalz (oder Kokosfett oder Schweineschmalz – es reichen 1–2 TL) auf beiden Seiten ca. 2–3 Minuten braten.

Filet, Mangoldgemüse und Kartoffeln auf zwei Tellern anrichten und mit Asmonte bestreut servieren.

Dieses Rezept entspricht der Faustformel ...

... auch ohne den Blattsalat – aber mit schmeckt's besser! :-)
Es ist das Lieblingsrezept der meisten Kursteilnehmer.

Sommer

Gemüse-Kartoffelauflauf

Zutaten für 2 Personen

2 Faustgrößen Kartoffeln (festkochend), geschält
1 kleine Melanzani
1 mittlere Zucchini
1 Dose gestückelte Tomaten
1 kleine Zwiebel
1 kleine Knoblauchzehe
4 EL geriebenen Asmonte (oder Parmesan)
2 EL frischer Zitronenthymian oder Basilikum
fein geriebene Schale einer unbehandelten Zitrone
2 EL Butter
2 EL Mehl
2 EL Schlagobers
¼ l Gemüsefond (siehe Tipp S. 43)

Das Backrohr auf 140° C vorheizen.

Die Kartoffeln in Scheiben schneiden und knapp mit Wasser bedeckt bissfest kochen. Zucchini und Melanzani in Scheiben schneiden und einer beschichteten Pfanne in ein wenig Olivenöl (»einmal um die Pfanne«) von beiden Seiten scharf anbraten und zur Seite stellen.

Zwiebel und Knoblauch in Olivenöl anschwitzen, die Tomatenwürfel zugeben und so lange einkochen lassen, bis ein kompaktes Tomatenragout entsteht. Zum Schluss die gehackten Kräuter dazugeben.

Für die Béchamelsauce in einem kleinen Topf die Butter schmelzen, mit Mehl bestäuben und kurz aufschäumen lassen. Unter ständigem Rühren nach und nach mit dem Gemüsefond aufgießen und glatt rühren. Schlagobers, 2 EL vom Käse und Zitronenschale unterrühren.

In einer Auflaufform alle Zutaten schichtweise einlegen. Ganz unten 1–2 EL Tomatensauce, dann eine Lage Kartoffeln (ca. die Hälfte), darauf eine Lage Gemüse (ein Drittel), wieder 1 EL Tomatensauce, dann einige EL Béchamel, wieder eine Lage Kartoffeln, ein Drittel vom Gemüse, Tomatensauce, das restliche Gemüse und wieder Tomatensauce. Zum Abschluss den Rest Béchamel auftragen und den restlichen Käse darüber streuen. Bei 140° C mit Heißluft ca. 45 Minuten backen.

Dieses Rezept entspricht der Faustformel.

Wer mag, kann aber auch noch einen kleinen Blattsalat dazu essen.

Bunter Vitalsalat

mit pochierter Hühnerbrust und frischen Früchten

Sommer

Zutaten für 2 Personen

3–4 Faustgrößen gemischte Blattsalate (z. B. Lollo rosso, Radicchio, Grazer Krauthäuptel, Rucola)
2 EL frischer Schnittlauch
1 Glas Gemüsefond (siehe Tipp S. 43)
2 Handtellergrößen Hühnerbrust, ca.240 g
2 Handvoll saisonales Obst nach Geschmack, z. B. Erdbeeren
Kräuteressig
1 TL Senf
Traubenkernöl oder Olivenöl
1 Scheibe Brot

Hühnerbrust im Gemüsefond bei mittlerer Hitze ca. 10 Minuten pochieren. Das Wasser soll dabei nicht sichtbar kochen. Zur Seite ziehen und rasten lassen.

Für das Dressing aus Essig und Öl eine Salatsauce rühren und mit Senf, Salz und Pfeffer abschmecken.

Die Blattsalate mit der Salatsauce vermengen, das Obst in Stücke schneiden und darauf verteilen. Die Hühnerbrust (kalt oder warm) in Scheiben schneiden, leicht salzen und auf den Salat legen. Mit Schnittlauch bestreuen und mit dem Brot servieren.

Dieses Rezept entspricht der Faustformel.

Wer sehr hungrig ist, kann eine zweite Scheibe Brot dazu essen.

Pikanter Eintopf von heimischen Fischen

Sommer

Zutaten für 2 Personen

2 Handtellergrößen heimische Fischfilets, z. B. Forelle, Karpfen, Lachsforelle oder Wels (weißfleischig), ca. 240 g
½ Fenchelknolle
1 kleine Karotte
1 kleine Zucchini
1 mittelgroße Zwiebel
1 Stange Sellerie
2 Tomaten
½ l Wasser oder Gemüsebrühe
2 EL gestückelte Tomaten (aus der Dose)
1 Prise Paprikapulver
2 Scheiben Vollkornbrot
etwas gehackte Petersilie

Zwiebel grob hacken, Gemüse in bissgroße Stücke schneiden. Zwiebel in ein wenig Olivenöl (»einmal um die Pfanne«) anschwitzen, dann der Reihe nach Karotte, Fenchel, Sellerie, Zucchini und Tomaten dazugeben.

Mit Paprikapulver bestäuben und mit Essig (besonders gut ist hier Tomatenessig!) ablöschen. Mit ca. ½ Liter Wasser oder Gemüsebrühe aufgießen. Gestückelte Tomaten zugeben und leicht köcheln lassen, bis das Gemüse gar ist, aber noch Biss hat. Salzen und pfeffern.

Den Fisch in Stücke schneiden und in der Suppe gar ziehen lassen. Die Suppe sollte dabei nicht sichtbar kochen. Mit Petersilie bestreuen und mit einem Stück Vollkornbrot servieren.

Dieses Rezept entspricht der Faustformel.

Statt Brot dazu zu essen, kann man eine Faustgröße Kartoffeln klein gewürfelt in der Suppe mitköcheln lassen – mit den Karotten zusammen dazugeben.

Herbst

Kürbiscremesuppe

Herbst

Zutaten für 2 Personen

ca. 250 g Muskat- oder Hokkaidokürbis
1 kleine Zwiebel
1 kleine Knoblauchzehe
1 EL Schlagobers
½ TL Tomatenmark
1 Prise gemahlener Kümmel
1 Prise Paprikapulver
etwas Wasser oder Gemüsebrühe

Knoblauch und Zwiebel schälen, in kleine Würfel schneiden und einige Minuten rasten lassen. Kürbis waschen, schälen (Hokkaido muss man nicht schälen) und in grobe Würfel schneiden.

Butter in einem Topf aufschäumen, Zwiebel und Knoblauch darin glasig anschwitzen, Kürbiswürfel, Kümmel, Paprikapulver und Tomatenmark dazugeben, kurz mitrösten, mit einem Schuss Weißweinessig ablöschen und mit Wasser oder Gemüsebrühe auffüllen. Ca. 5–10 Minuten kochen (je nach Stärke der Kürbiswürfel), bis der Kürbis weich ist.

Mit einem Mixstab durchmixen, noch mal kurz aufkochen, Schlagobers unterrühren und mit Salz und Pfeffer abschmecken. Wer mag, kann die Suppe mit ein paar Kürbiskernen bestreuen und ein paar Tropfen Kürbiskernöl darauf geben.

TIPP

Man kann die Suppe auch mit geriebenem Ingwer und einem Schuss Orangensaft zubereiten – dann aber weniger Wasser oder Fond nehmen.

Dieses Rezept entspricht einer Gemüsefaust.

Für eine Mahlzeit nach der Faustformel fehlen hier jedoch noch mehr Gemüse, Eiweiß und stärkehaltige Kohlenhydrate.

Gegrilltes Hühnerfilet

mit Grünkern-Wurzelgemüse und Brokkoli

Herbst

Zutaten für 2 Personen

2 Handtellergrößen Hühnerfilets, ca. 240 g
6 EL Grünkern
1 Faustgröße Brokkoli
2 gelbe Rüben
2 kleine Karotten
1 kleines Stück von einer Sellerieknolle (ca. 60 g)
3 EL Schlagobers
1 EL geriebener Asmonte (oder Parmesan)
1 kleines Glas Gemüsefond (siehe Tipp S. 43)

Grünkern waschen und mit einer Prise Salz in doppelt so viel Wasser gar kochen. Man kann den Grünkern auch über Nacht einweichen, dann bekommt er eine schöne Konsistenz.

Den Ofen auf 150° C vorheizen. Die Hühnerfilets salzen und pfeffern und in einer Pfanne mit ein wenig Butterschmalz oder Kokosfett auf beiden Seiten scharf anbraten. Im Ofen 10 bis 12 Minuten fertig garen lassen. Brokkoli in kleine Röschen teilen und bissfest dämpfen (oder in ein wenig Wasser dünsten). Salzen und nach Geschmack pfeffern.

Inzwischen Karotten und Rüben in feine Stifte schneiden oder raspeln. Sellerie in ganz kleine Würfel schneiden. Mit dem Gemüsefond aufkochen und einige Minuten köcheln lassen. Grünkern dazugeben, noch einmal aufkochen. Schlagobers und Käse unterrühren, mit Salz und Pfeffer abschmecken. Brokkoli und Grünkern-Gemüse auf zwei Tellern anrichten.

Hühnerbrust auf die Teller verteilen, den Bratensatz auf der warmen Herdplatte mit ein wenig Wasser oder Gemüsefond aufrühren. Bratensaft über das Fleisch träufeln und servieren.

Dieses Rezept entspricht der Faustformel.

Kürbiskernfleckerln

mit Wurzelgemüse und Schafskäse

Herbst

Zutaten für 2 Personen

2 Handvoll Kürbiskernfleckerln (oder andere »Fleckerl«-Nudeln)
2 Karotten, geraspelt
2 Stangen Sellerie, in feine Streifen geschnitten
2 gelbe Rüben, grob geraspelt
1 Petersilwurzel, grob geraspelt
½ Zwiebel
120 g Schafskäse
1 EL Petersilie
2 EL Kürbiskernöl
1 EL Kürbiskerne

Reichlich Wasser mit einer Prise Salz zum Kochen bringen und die Nudeln al dente kochen.

Zwiebel hacken und in einer Pfanne in ein wenig Olivenöl (»einmal um die Pfanne«) glasig dünsten. Gemüse nach und nach zugegeben, wenig salzen (Achtung! Käse ist auch salzig) und pfeffern und weiter rösten, bis das Gemüse gar ist, aber noch Biss hat.

Die abgetropften Nudeln dazugeben, kurz durchrühren. Schafskäse unterrühren und sofort mit Petersilie und den gehackten Kürbiskernen bestreut und mit Kürbiskernöl beträufelt servieren.

Dieses Rezept entspricht der Faustformel.

Pikanter Krautstrudel

Herbst

Zutaten für 2 Personen
1 kleiner Weißkrautkopf
1 Zwiebel
2 EL Sauerrahm
100 g Emmentaler
80 g Vollkornstrudelteig
1 Prise Kümmel

Strudelteig auftauen lassen.

Krautkopf vierteln, den Strunk herausschneiden und in sehr feine Streifen schneiden (evtl. mit der Küchenmaschine). Krautstreifen und die gehackte Zwiebel in einer Pfanne in ein wenig Olivenöl (»einmal um die Pfanne«) scharf anbraten, mit Kümmel würzen, salzen und pfeffern. Hitze reduzieren und langsam fertig rösten, bis die ganze Flüssigkeit verdampft ist und das Kraut karamellisiert.

Kraut ein wenig auskühlen lassen, dann auf dem Strudelteig (Ränder freilassen!) verteilen. Käse in kleine Würfel schneiden, mit Sauerrahm verrühren und auf dem Kraut verteilen. Die Enden einschlagen und einrollen (geht gut, wenn der Teig zuerst auf einem sauberen Geschirrtuch liegt, dann kann man das Tuch zu Hilfe nehmen).

Vorsichtig auf ein mit Backpapier ausgelegtes Backblech legen und ca. 35 Minuten knusprig braun backen.

Dieses Rezept entspricht der Faustformel.

Gebratenes Forellenfilet

mit Steirerpesto und Karottengemüse

Herbst

Zutaten für 2 Personen
2 Forellenfilets, ca. 240 g
3 Faustgrößen Karotten, ca. 400 g
2 EL Schlagobers
etwas Butter
5 EL Naturreis
(genug für 2 Faustgrößen gekocht)
2 EL glatte Petersilie, gehackt
2 EL Kürbiskerne
3 EL Kürbiskernöl
1 kleine Knoblauchzehe
1 EL geriebener Asmonte
(oder Parmesan)
½ Zitrone

Die Forellenfilets auf Gräten kontrollieren und diese bei Bedarf entfernen (am besten geht das mit einer Pinzette). Den Reis in ca. doppelt so viel Wasser und einer Prise Salz zum Kochen bringen und al dente kochen.

Karotten in Scheiben schneiden, in ganz wenig Butter anschwitzen und einige Minuten unter Rühren braten. Dann einen Schuss Wasser zugeben, die Pfanne mit einem Deckel verschließen und einige Minuten »dampfbraten«, bis die Karotten gar sind, aber noch Biss haben. Hitze reduzieren und Schlagobers zugeben. Mit Salz und Pfeffer würzen.

Die Forellenfilets salzen, pfeffern und mit Zitronensaft beträufeln. In einer beschichteten Pfanne mit ganz wenig Olivenöl (»einmal um die Pfanne«) auf der Hautseite knusprig braten, bis die Oberseite glasig ist. Dann zur Seite ziehen, die Forellenfilets wenden und fertig ziehen lassen.

In der Zwischenzeit aus den Kürbiskernen, dem Kürbiskernöl, dem Käse, dem Knoblauch und der abgeriebenen Schale der Zitrone ein Pesto rühren, entweder von Hand ganz fein hacken oder kurz in der Küchenmaschine mixen. Evtl. eine Prise Salz dazu.

Karotten mit Petersilie bestreuen und zu Fisch und Reis servieren.

Dieses Rezept entspricht der Faustformel.

Herbstlicher Blattsalat

mit Käferbohnen und marinierten Eierschwammerln

Herbst

Zutaten für 2 Personen
3 Faustgrößen Blattsalat
knapp 3 Faustgrößen Eierschwammerln
2 Handvoll gekochte Käferbohnen (entspricht einer Handvoll getrocknet, ungekocht)
½ rote Paprikaschote
1 Zweig Rosmarin
1 Zweig Thymian
2 EL Schnittlauch
½ Chilischote
vorzugsweise Walnussöl und Himbeeressig (sonst anderes Öl und Essig)

Vorbereitung: Wer getrocknete Käferbohnen verwendet, muss sie über Nacht einweichen und dann in reichlich Salzwasser kochen, bis sie schön weich sind. Besonders gut geht das in einem Druckkochtopf.

Eierschwammerln gut putzen, dabei möglichst nicht waschen, und in grobe Stücke reißen. In einer Pfanne mit ein wenig Olivenöl (»einmal um die Pfanne«) scharf anbraten, bis die austretende Flüssigkeit verkocht ist. Kurz bevor alle Flüssigkeit verkocht ist, Rosmarin und Thymian und den fein gehackten Chili (Kerne entfernen) dazugeben und mit Salz und Pfeffer würzen. Zur Seite stellen.

Aus Walnussöl, Himbeeressig, Salz und Pfeffer ein Dressing anrühren. Paprika in schmale Streifen schneiden. Den gewaschenen Blattsalat und die gekochten Käferbohnen in eine Schüssel füllen und mit dem Dressing vermengen. Auf zwei Tellern anrichten, die Paprikastreifen und Eierschwammerln darüber verteilen, mit Schnittlauch bestreuen und mit einer kleinen Scheibe Brot servieren.

TIPP

• Käferbohnen kann man gleich etwas mehr kochen und für andere Rezepte verwenden. Sie sind 2–3 Tage im Kühlschrank haltbar und lassen sich gut einfrieren. Eierschwammerl kann man ebenso auf Vorrat zubereiten, im Kühlschrank sind sie 1–2 Wochen haltbar. Man kann sie aber auch in kleinen Gläsern einwecken.

Dieses Rezept entspricht der Faustformel.

Das Brot dazu ist kein Muss, da die Käferbohnen neben Eiweiß auch reichlich Kohlenhydrate enthalten, doch es erhöht die Eiweißwertigkeit der Bohnen, wenn man Brot dazu isst.

Gebratene Hühnerleber

mit Balsamicofisolen und Kartoffelstampf

Herbst

Zutaten für 2 Personen

3 Faustgrößen Fisolen
2 Handtellergrößen Hühnerleber, ca. 240 g
2 Faustgrößen mehlige Kartoffeln
1 große Zwiebel
1 kleine Knoblauchzehe
2 EL Schlagobers
1 Zweig Rosmarin
Balsamicoessig

Die Enden von den Fisolen schneiden und diese evtl. halbieren. In kochendem Salzwasser einige Minuten sprudelnd kochen, dann abgießen und abschrecken.

Die Kartoffeln schälen und in Stücke schneiden und mit Wasser bedeckt mit einer Prise Salz zum Kochen bringen und sehr weich kochen.

Inzwischen die Hühnerleber zuputzen (dazu Trennwand, Fettreste, Gallenreste, einfach alles, was nicht nach Hühnerleber aussieht und man nicht essen möchte, entfernen), in grobe Stücke schneiden. Die Zwiebel in einer Pfanne mit ein wenig Butterschmalz, Schmalz oder Kokosfett anrösten. Dann die Leber dazugeben und ein paar Minuten scharf anbraten. Den Rosmarinzweig dazulegen und beiseitestellen.

In einer zweiten Pfanne die Fisolen und den gehackten Knoblauch in ein wenig Olivenöl (»einmal um die Pfanne«) anbraten, mit einer Prise Zucker karamellisieren, dann mit einem Schuss Balsamicoessig ablöschen und etwas einkochen lassen. Salzen und pfeffern.

Das Kochwasser von den Kartoffeln abgießen, aber einen Teil aufheben. Einen TL Butter und das Schlagobers zu den Kartoffeln geben und möglichst fein stampfen. Evtl. noch ein paar Löffel vom Kochwasser dazugeben. Salzen und pfeffern.

Die Leber nochmal heiß werden lassen, einen TL Butter unterrühren. Erst zum Schluss salzen und mit je einer Hälfte der Fisolen und der Kartoffeln auf zwei Tellern anrichten.

Dieses Rezept entspricht der Faustformel.

Geröstete Steinpilze

mit Ei und Kartoffeln

Herbst

Zutaten für 2 Personen
2 Eier (möglichst Bio!)
3–4 Handvoll frische Steinpilze
(evtl. auch Eierschwammerln
oder sogar Champignons)
3 Faustgrößen Blattsalat
(z. B. Grazer Krauthäuptel)
2 Faustgrößen Kartoffeln
1 kleine Zwiebel, gehackt
2 EL Petersilie, gehackt

Pilze mit einer kleinen Bürste säubern (NICHT waschen!) und in Scheiben schneiden. Kartoffeln schälen, in Würfel schneiden und mit Salzwasser bedeckt kernig weich dünsten.

In einer heißen Pfanne die Pilze in ein wenig Olivenöl (»einmal um die Pfanne«) scharf anbraten. Zwiebel und Kartoffelwürfel zugeben und weiterrösten, bis die Flüssigkeit völlig verdampft ist.

Eier darüber schlagen, salzen, pfeffern und gut durchrühren. Zur Seite stellen, fertig ziehen lassen und inzwischen den Salat mit Essig und Öl marinieren.

Mit Petersilie bestreut servieren.

Dieses Rezept entspricht der Faustformel.

Hirse-Mangoldpfanne

mit Linsen

Herbst

Zutaten für 2 Personen

ca. 6 EL Belugalinsen
ca. 4 EL Hirse
knapp 2 Faustgrößen Muskatkürbis (in Würfeln)
2 Faustgrößen Mangold
1 große Zwiebel, gehackt
½ rote Paprika

Am Abend vorher (oder in der Früh für den Abend):
Hirse und Linsen getrennt einweichen.

Am nächsten Tag:
Hirse und Linsen getrennt in doppelt so viel Wasser weich kochen. Die Kürbiswürfel in wenig Wasser dünsten, bis sie gar sind, aber noch Biss haben.

In einer tiefen Pfanne die Zwiebel in ein wenig Olivenöl (»einmal um die Pfanne«) anschwitzen und ein paar Minuten glasig dünsten. Mangold zu den Zwiebeln geben, 2–3 Minuten unter Rühren braten, dann einen Schuss Wasser dazugeben, mit einem Deckel verschließen und einige Minuten »dampfbraten«, bis das Gemüse gar ist, aber noch Biss hat.

Kürbiswürfel, Linsen und Hirse unterrühren und mit Salz und Pfeffer abschmecken.

Paprika in kleine Würfel schneiden und das Gericht damit bestreuen.

Dieses Rezept entspricht der Faustformel.

Tofu-Quinoalaibchen

mit Wirsinggemüse

Herbst

Zutaten für 2 Personen
5 EL Quinoa
ca. 160 g Tofu
2 TL Maisstärke
1 Ei
4 Faustgrößen Wirsing
2 EL gemischte Kräuter
(z. B. Petersilie, Schnittlauch,
Majoran, Liebstöckl)
1 Knoblauchzehe
1–2 EL Schlagobers
(ersatzweise 2–3 EL Sojamilch)

Quinoa in doppelt so viel Wasser mit einer Prise Salz zum Kochen bringen und in ca. 12–15 Minuten bissfest kochen.

Inzwischen den Tofu fein reiben oder in der Küchenmaschine faschieren, den Knoblauch und die Kräuter hacken. Gekochten Quinoa, Kräuter, Tofu, Ei und Maisstärke in einer Schüssel gut verrühren, mit Salz und Pfeffer würzen.

Den gehackten Knoblauch in einer Pfanne mit ein wenig Olivenöl (»einmal um die Pfanne«) anschwitzen, dann den in Streifen geschnittenen Wirsing dazu und 1–2 Minuten unter Rühren braten. Mit einem Schuss Wasser aufgießen, die Pfanne mit einem Deckel verschließen, die Hitze reduzieren und einige Minuten »dampfbraten«, bis der Wirsing weich ist. Gelegentlich umrühren.

Aus der Tofumasse Laibchen formen (evtl. die Laibchen mit einem Löffel direkt in die Pfanne setzen – sie werden dort fest) und diese in einer Pfanne mit ein wenig Öl (»einmal um die Pfanne«) auf beiden Seiten langsam braten.

Den Wirsing mit dem Schlagobers (oder Sojamilch) aufgießen und mit Salz und Pfeffer abschmecken.

Dieses Rezept entspricht der Faustformel.

Pochierte Lachsforelle

auf Wurzelgemüse mit Krensauce

Herbst

Zutaten für 2 Personen
2 handtellergroße Lachsforellenfilets, ca. 240 g
2 knappe Faustgrößen Kartoffeln
1 Stück Krenwurzel, gerieben
2 gelbe Rüben, in feine Stifte geschnitten
2 Karotten, in feine Stifte geschnitten
1 Petersilwurzel, in feine Stifte geschnitten
1 Zwiebel
1 Lorbeerblatt
Wacholderbeeren
Pfefferkörner
2 EL Milch
2 EL Schlagobers
1 TL Mehl
½ Zitrone
etwas Dill

Kartoffeln schälen, vierteln und in reichlich Salzwasser gar kochen.

Wurzelgemüse mit leicht kochendem Wasser knapp bedeckt mit dem Lorbeerblatt, ein paar Wacholderbeeren, einer Prise Salz und ein paar ganzen Pfefferkörnern wenige Minuten kochen, bis das Gemüse gar ist, aber noch Biss hat.

Inzwischen Zwiebel in ganz wenig Olivenöl (»einmal um die Pfanne«) glasig werden lassen, mit Mehl stauben, Milch und Schlagobers dazugeben, mit Salz und Pfeffer würzen, einmal kurz aufkochen lassen, den geriebenen Kren dazugeben und zur Seite stellen.

Wurzelgemüse aus dem Sud nehmen und warm stellen. Einen Spritzer Essig in den Sud geben, dann Lachsforellenfilets einlegen und 3-5 Minuten bei niedriger Temperatur garen. Der Sud soll dabei nicht sichtbar kochen. Falls zu wenig Flüssigkeit da ist, ein wenig Wasser zugießen, damit die Filets mindestens bis zur Hälfte in der Flüssigkeit liegen. Nach der Hälfte der Garzeit wenden, Platte ausschalten und fertig ziehen lassen.

Fisch auf zwei Tellern anrichten, evtl. das Gemüse noch einmal kurz wärmen (im Fond oder in einer Pfanne) und mit den Kartoffeln und der Krensauce servieren. Nach Geschmack mit Dill und Zitrone garnieren.

Dieses Rezept entspricht der Faustformel.

Polenta-Mozzarellalaibchen

mit Kürbisgemüse

Herbst

Zutaten für 2 Personen

Grundrezept Polenta
10 g Butter
1/8 l Milch
4 EL Polenta
1 EL Schlagobers
2–3 EL Wasser

Polenta-Mozzarellalaibchen mit Kürbisgemüse
1 Portion Grundrezept Polenta
½ Kugel Mozzarella (ca. 60 g)
3 EL Vollkornbrösel
1 EL gehackte Petersilie
1 Ei
Muskatnuss
½ Zwiebel
1 Knoblauchzehe
500 g Muskatkürbis, geschält
½ TL Paprikapulver edelsüß
1 Prise gemahlener Kümmel
1 Prise Majoran
1 EL Sauerrahm
½ TL Maisstärke

Grundrezept Polenta: Alle Zutaten bis auf die Polenta zum Kochen bringen, danach die Polenta unter ständigem Rühren hinzugeben und aufkochen. Den Topf vom Herd ziehen und die Polenta zugedeckt etwas quellen lassen. **Tipp:** Man kann die erkaltete Masse in Scheiben schneiden und gebraten oder gegrillt als Beilage zu Fleisch- oder Fischgerichten verwenden. Die Masse eignet sich auch als Basis für Laibchen.

Polenta-Mozzarellalaibchen mit Kürbisgemüse: Mozzarella in der Küchenmaschine zerkleinern (oder mit einer Gabel zerdrücken) und zusammen mit der Polentamasse, dem Ei, den Bröseln und der Petersilie zu einer feinen Masse verarbeiten. Mit einer Prise Muskatnuss, Salz und Pfeffer würzen und kurz rasten lassen.

Kürbis grob raspeln. Knoblauch und Zwiebel fein hacken und einige Minuten rasten lassen. Die Zwiebel in ein wenig Olivenöl (»einmal um die Pfanne«) anschwitzen. Den Knoblauch dazugeben, noch mal kurz umrühren, den Kürbis dazugeben und einige Minuten mitbraten. Zur Seite ziehen, mit dem Paprikapulver bestäuben und sofort mit einem Schuss Apfelessig ablöschen. Mit 1/8 l Wasser ablöschen, Kümmel und Majoran unterrühren. So lange weiterköcheln lassen, bis der Kürbis gar ist, aber noch Biss hat. Nach Bedarf Wasser zugießen.

Aus der Polentamasse kleine Laibchen formen, bei mittlerer Hitze in ein wenig Olivenöl (»einmal um die Pfanne«), Butterschmalz oder Kokosfett auf beiden Seiten langsam braten.

Maisstärke mit ein wenig kaltem Wasser anrühren und unter das Kürbisgemüse mischen. Mit 1 EL Sauerrahm, Salz und Pfeffer abschmecken. Danach nicht mehr kochen lassen.

Dieses Rezept entspricht der Faustformel.

Winter

Winter

Selleriecremesuppe

Winter

Zutaten für 2 Personen
½ kleine Sellerieknolle,
ca. 300 g
1 Schalotte,
in kleine Würfel geschnitten
⅛ l Milch
¼ l Gemüsebrühe
(siehe Tipp S. 43)
4 EL Schlagobers
1 Schuss Essig

Sellerie unter fließendem Wasser waschen und schälen. Ein paar dünne Scheiben vom Sellerie mit einer Wurstmaschine oder einem scharfen Messer in dünne Streifen schneiden oder mit einer groben Raspel ca. 4 EL Sellerie abraspeln. Zur Seite stellen. Den Rest in ca. 3 cm große Würfel schneiden.

Schalotten und Selleriewürfel in ein wenig Olivenöl (»einmal um den Topf«) bei milder Hitze einige Minuten andünsten, dann mit einem Schuss Essig ablöschen. Aufkochen lassen, mit Milch und Gemüsefond auffüllen und ca. 25 Minuten kochen lassen.

Die Suppe mit dem Mixstab pürieren und durch ein Sieb in einen anderen Topf gießen, dabei gut durchdrücken. Mit Salz, Pfeffer und evtl. einer winzigen Prise Zucker abschmecken. Schlagobers und Selleriestreifen zugeben und die Suppe noch ein paar Minuten leicht köcheln lassen.

Information:

Damit daraus eine Mahlzeit nach der Faustformel wird, fehlt hier noch Eiweiß. Diese Suppe ist daher als Vorspeise für eine Mahlzeit gedacht, bei der die Hauptspeise ausreichend Eiweiß, aber nicht mehr sehr viele stärkehaltige Kohlenhydrate liefert, also z. B. Pochierte Lachsforelle auf Wurzelgemüse mit Krensauce, aber ohne die Kartoffeln (S. 116).

Suppentopf

mit gekochtem Rindfleisch

Winter

Zutaten für 2 Personen

ca. 600 g Rindfleisch (schönes Stück, nicht zu fett) – den Rest des Fleisches kann man für eine Sulz (S. 136) verwenden
evtl. ein paar Rindsknochen
1 gelbe Rübe
1 große Karotte
1 Stange Lauch
1 Stück von einer Sellerieknolle, ca. 1 Faustgröße
2 kleine Kartoffeln
2 mittelgroße Zucchini
1 Zwiebel
1 Bund Petersilie
1 Bund Schnittlauch
3 Lorbeerblätter
6 Wacholderbeeren

Die Zwiebel schälen, in der Hälfte durchschneiden und mit der Schnittfläche nach unten in einer Pfanne ohne Fett schön dunkel anbraten. Die Rindsknochen in kochendes Wasser geben und ein paar Minuten überkochen, das Wasser abgießen und kalt abschwemmen.

Eine Hälfte des Gemüses schälen und putzen. Die andere Hälfte des Gemüses in grobe Stücke schneiden. Ca. 3 Liter Wasser zum Kochen bringen und die Stücke mit den Gemüseresten vom Schälen, dem Rindfleisch und den Knochen einlegen. Zwiebel, Lorbeerblätter, Wacholderbeeren und Petersilie dazugeben und ca. 1–1,5 Stunden leicht köcheln lassen. Immer wieder den Schaum abschöpfen.

Inzwischen die Kartoffeln schälen, in Stücke schneiden und kochen.

Rindfleisch herausnehmen und mit kaltem Wasser abschrecken. Die Brühe durch ein feines Sieb (am bestem mit einem sauberen Geschirrtuch oder Küchenkrepp ausgelegt) seihen. Suppe noch etwas einkochen lassen.

Für den Suppentopf ca. ½ Liter Rindsbrühe aufkochen, das restliche geputzte, fein geschnittene Gemüse dazugeben und kernig weich kochen. Zwei handtellergroße Stücke Rindfleisch in Würfel schneiden und mit den Kartoffeln zugeben – noch einmal kurz aufwärmen und mit Salz und Pfeffer abschmecken. Mit Schnittlauch bestreut servieren.

TIPP

Die restliche Rindssuppe lässt sich gut einfrieren, das Fleisch kann man für eine Sulz (S. 136) verwenden.

Dieses Rezept entspricht der Faustformel.

Reh-Wok

mit Kohlsprossen

Winter

Zutaten für 2 Personen
2 Handtellergrößen Rehfilet, ca. 240 g
5–6 EL Grünkern
3 Handvoll Hokkaidokürbis, in Stifte geschnitten
3 Handvoll Kohlsprossen
1 Zwiebel
1 Chilischote
1 Zweig Thymian
1 Zweig Rosmarin
1 Glas Gemüsefond (siehe Tipp S. 43)

Grünkern in reichlich Wasser mit einer Prise Salz gar kochen.

Rehfilet von Sehnen befreien oder ohne Sehen kaufen, in 5 mm dicke Streifen schneiden.

Kürbis in grobe Stifte schneiden, Kohlsprossen vierteln, Chili halbieren, Kerne und weiße Faser entfernen und in feine Ringe schneiden, Zwiebel in Streifen schneiden.

In einer heißen Pfanne in wenig Olivenöl (»einmal um die Pfanne«) oder Butterschmalz die Rehfiletstreifen scharf anbraten, zur Seite stellen.

In der gleichen Pfanne die Kohlsprossen 1–2 Minuten bei mittlerer Hitze braten, Zwiebel dazugeben, nach weiteren 1–2 Minuten Kürbis dazugeben weiter rösten. Wenn das Gemüse noch einen leichten Biss hat, die Kräuter dazugeben, kurz durchschwenken, mit einem Schuss Sojasauce ablöschen, Chili dazugeben. Mit Gemüsefond angießen, den gekochten Grünkern dazugeben und noch einmal aufkochen lassen.

Zum Schluss Rehscheiben untermischen und mit Salz und Pfeffer abschmecken.

Dieses Rezept entspricht der Faustformel.

Geschmorte Hendlkeule

mit buntem Ofengemüse

Winter

Zutaten für 2 Personen

2 Hendlkeulen
1 gelbe Rübe
2 Karotten
2 Knoblauchzehen
1 Faustgröße Kartoffeln
1 Stück Muskatkürbis
(ca. 1 Faustgröße)
1 Pastinake
½ kleine Melanzani
1 große Zwiebel
1 Zweig Rosmarin
2 EL Sojasauce

Am Abend vorher (oder in der Früh für den Abend): Hühnerkeulen über Nacht mit dem Rosmarin und 2 EL Sojasauce marinieren. Einmal wenden.

Am nächsten Tag: Backrohr auf 160° C vorheizen. Gemüse in bissgroße Stücke schneiden.

Hühnerkeulen in einer backrohrtauglichen Pfanne in ein wenig Olivenöl (»einmal um die Pfanne«), Butterschmalz oder Kokosfett von beiden Seiten scharf anbraten. Fleisch herausnehmen und beiseite stellen.

In der gleichen Pfanne das Gemüse kurz anrösten, dann mit der Marinade vom Huhn und etwas Wasser ablöschen. Die Hühnerbeine auf das Gemüse legen und im Backrohr ca. 35–40 Minuten braten (je nach Dicke der Keulen). Evtl. etwas Flüssigkeit nachgießen.

Dieses Rezept entspricht der Faustformel.

Buchweizengemüse

mit Kräuterrahmsauce

Winter

Zutaten für 2 Personen

5–6 EL Buchweizen
100 g Tofu, natur, in kleine Würfel geschnitten
1½ grüne Paprika
1 Stange Lauch
2 Tomaten, geschält und in Würfel geschnitten
1 Zwiebel, fein gehackt
1 Knoblauchzehe
1 EL gemischte Kräuter, fein gehackt (z. B. Petersilie, Thymian, Schnittlauch etc.)
1 Prise Paprikapulver
½ TL scharfer Senf
½ Becher Sauerrahm

Buchweizen in doppelt so viel Wasser mit einer Prise Salz gar kochen.

Währenddessen Gemüse in Würfel schneiden. Zwiebel in einer Pfanne in ein wenig Olivenöl (»einmal um die Pfanne«) anrösten, dann Paprika, Paprikapulver, Lauch und die Tofuwürfel dazugeben und gut durchrösten. Tomaten dazugeben, ein Schuss Sojasauce dazugeben und pfeffern.

Sauerrahm mit Senf, Knoblauch und den Kräutern verrühren und mit Salz und Pfeffer abschmecken.

Buchweizen unter das Gemüse rühren, bei Bedarf noch etwas Wasser dazugeben. Mit Salz und Pfeffer abschmecken und mit dem Kräuterrahm servieren.

Dieses Rezept entspricht der Faustformel.

Hirschgeschnetzeltes

mit Karotten, Stangensellerie und Nudeln

Winter

Zutaten für 2 Personen
2 Handtellergrößen Hirschfleisch (Schnitzelfleisch), in feinen Streifen (ca. 240 g)
3–4 Karotten
3–4 Stangen Sellerie
1 Zwiebel
2 Gläser Wild- oder Gemüsefond (siehe Tipp S. 43)
2 Handvoll Vollkornnudeln
1 Prise Paprikapulver
1 Zweig Rosmarin
2 Zweige Thymian
½ TL Maisstärke

Wasser mit einer Prise Salz zum Kochen bringen und die Nudeln darin al dente kochen.

In einer beschichteten Pfanne das Hirschfleisch in ein wenig Olivenöl (»einmal um die Pfanne«), Butterschmalz oder Kokosfett scharf anbraten, salzen, pfeffern und aus der Pfanne nehmen. Beiseitestellen.

Karotten der Länge nach halbieren und in Scheiben schneiden. Sellerie in Scheiben schneiden. Zwiebel in grobe Streifen schneiden.

In derselben Pfanne die Zwiebeln glasig rösten, dann Karotten und Sellerie dazugeben und einige Minuten unter Rühren braten. Mit Paprikapulver bestauben, kurz durchrühren, dann mit Fond aufgießen. Kräuter und Fleisch dazugeben und ein paar Minuten köcheln lassen). Maisstärke in ein wenig kaltem Wasser einrühren und dazugeben. Umrühren, aufkochen lassen, mit Salz und Pfeffer abschmecken und zu den Nudeln servieren.

Dieses Rezept entspricht der Faustformel.

Hasenfilet (oder Wildhase)

mit Vogerlsalat und Walnüssen

Winter

Zutaten für 2 Personen

2 Handteller großes Hasenfilet
4 Faustgrößen Vogerlsalat
2 kleine Handvoll Walnüsse
1 rote Paprikaschote, in Streifen
2 EL Kürbiskernöl
2 Scheiben Vollkornbrot

Backrohr auf 80° C vorheizen.

Hasenfilet waschen, trocken tupfen, salzen, pfeffern und in einer heißen Pfanne mit ein wenig Olivenöl (»einmal um die Pfanne«), Butterschmalz oder Kokosfett rundherum scharf anbraten. Für ein paar Minuten (je nach Stärke des Filets) ins Rohr stellen.

In der Zwischenzeit aus Essig und Kürbiskernöl, Salz und Pfeffer eine Salatsauce rühren und den Vogerlsalat marinieren.

In einer nicht zu heißen Pfanne die Walnüsse ein paar Minuten ganz sanft rösten, bis sie zu duften anfangen. Vogerlsalat mit dem Paprika vermischen und auf zwei Tellern anrichten, Walnüsse darüber streuen.

Hasenfilet aus dem Rohr nehmen, kurz rasten lassen und dann in ca. 3 cm dicke Scheiben schneiden. Zum Salat mit einem Stück Vollkornbrot servieren.

Dieses Rezept entspricht der Faustformel.

Rindfleisch-Gemüsesulz

Winter

Zutaten für 2 Personen
2 Handtellergrößen gekochtes Rindfleisch (Tafelspitz), am einfachsten Rest von Rezept S. 124
1 kleines Glas Rindssuppe (von Rezept S. 124)
1 kleine Karotte
1 kleine gelbe Rübe
1 Stück Lauch
1 kleines Stück Knollensellerie
1 Handvoll gekochte Käferbohnen (z. B. aus der Dose), nach Geschmack
1 große weiße oder rote Zwiebel
2 Faustgrößen Blattsalat
10 g oder 4 Blätter Gelatine
4 kleine Scheiben Vollkornbrot
Kürbiskernöl

Am Tag vorher: Rindfleisch in feine Streifen oder Würfel schneiden. Karotte, gelbe Rübe, Lauch und Sellerie in feine Würfel schneiden und einige Minuten knapp mit Wasser bedeckt dünsten, bis das Gemüse schön weich ist.

Gelatine in kaltem Wasser einweichen. Rindssuppe erwärmen, einen Schuss Essig dazugeben, kräftig salzen und pfeffern und die ausgedrückte Gelatine unterrühren und weiterrühren, bis sie sich aufgelöst hat.

Je die Hälfte des Gemüses und des Rindfleisches in zwei Schälchen geben und die Rinderbrühe darüber gießen. Einige Stunden, besser mindestens einen halben Tag, im Kühlschrank fest werden lassen.

Am nächsten Tag: Zwiebel in ganz feine Ringe schneiden und mit einem Schuss Essig übergießen und einige Minuten stehen lassen (das macht die Zwiebeln leichter verdaulich).

Die Sulz mit einem dünnen, kleinen Messer vom Rand der Schälchen lösen und diese kurz in warmes Wasser tauchen, etwas schütteln, dann stürzen.

Blattsalat waschen, trockenschleudern und mit Essig und Öl marinieren.

Käferbohnen mit den Zwiebeln, Kernöl, evtl. noch ein wenig Essig marinieren, mit Salz und Pfeffer abschmecken. Die Sulz in die Mitte des Tellers legen und mit den marinierten Käferbohnen und Zwiebeln anrichten. Blattsalat und Brot dazu servieren.

TIPP
Lässt sich gut vorbereiten, ist auch längere Zeit im Kühlschrank haltbar.

Dieses Rezept entspricht der Faustformel.

Geräuchertes Saiblingsfilet

mit Kartoffelrösti und Salat

Winter

Zutaten für 2 Personen
2 handtellergroße Saiblingsfilets, ca. 200 g
1 Faustgröße geschälte Kartoffeln
1 Salatkopf (ca. 4 Faustgrößen)
2 TL Sauerrahm
1 TL gehackte Petersilie
Majoran
gemahlener Kümmel

Saiblingsfilets aus dem Kühlschrank nehmen (dadurch sind Sie beim Essen nicht so kalt und der Geschmack kommt besser zur Geltung).

Kartoffeln grob raspeln, ausdrücken und mit Petersilie und Sauerrahm vermischen. Eine Prise Majoran und Kümmel unterrühren, salzen, pfeffern und zu kleinen Rösti formen.

In einer beschichteten Pfanne in ein wenig Butterschmalz, Schmalz oder Kokosfett unter mehrmaligem Wenden braten. Platte ausschalten und einige Zeit ziehen lassen.

Salat waschen, trocken schleudern und mit Essig und Öl anmachen. Zu den Rösti und den Saiblingsfilets servieren.

Dieses Rezept entspricht der Faustformel.

Käferbohnen-Gemüsechili

mit Semmelknödel

Winter

Zutaten für 2 Personen

1 kleine Handvoll Käferbohnen, gekocht (siehe Tipp S.42)
1 kleine Zucchini, in Würfel geschnitten
1 gelbe oder rote Paprikaschote, in Würfel geschnitten
2 Selleriestangen, quer in Streifen geschnitten
2 Karotten, in Würfel geschnitten
1 große Zwiebel
1 Knoblauchzehe
Knödelbrot von 2 Vollkornsemmeln
1 Ei
½ Chilischote
2 TL Tomatenmark
2 TL Paprikapulver, edelsüß
2 Gläser Gemüsebrühe (siehe Tipp S. 43)
1 TL Petersilie
½ kleines Glas Milch

Zwiebel fein hacken, ca. 1/3 der Menge in ein wenig Olivenöl (»einmal um die Pfanne«) oder Butter anschwitzen, die Milch dazugießen und zusammen über das Knödelbrot gießen. Die Masse salzen, pfeffern, die gehackte Petersilie und das Ei zugeben, durchmengen und 10 Minuten stehen lassen. Salzwasser in einem Topf aufsetzen.

In der Zwischenzeit restliche Zwiebeln und den fein gehackten Knoblauch in einer tiefen Pfanne oder einem Topf in ein wenig Olivenöl (»einmal um die Pfanne«) anschwitzen, Karotten, Zucchini, Sellerie und Paprika dazugeben und einige Minuten braten. Tomatenmark unterrühren, noch 1–2 Minuten weiterrühren. Mit Paprikapulver bestauben und mit Gemüsebrühe aufgießen. Nach Geschmack gehackte Chili unterrühren und einige Minuten einkochen lassen.

Aus der Knödelmasse kleine Knödel formen und im heißen Salzwasser ca. 15 Minuten ziehen lassen. Dabei soll das Wasser nicht sichtbar kochen.

Die Bohnen zum Gemüse geben, warm werden lassen. Mit Salz und Pfeffer abschmecken und zu einem Knödel servieren.

Dieses Rezept entspricht der Faustformel.

Rote-Rüben-Carpaccio

mit Vogerlsalat und Käferbohnen

Winter

Zutaten für 2 Personen

1,5 Faustgrößen gekochte Rote Rüben
1 Dose gekochte Käferbohnen (oder aus 150 g getrockneten Käferbohnen selber kochen – über Nacht einweichen)
3 Faustgrößen Vogerlsalat
½ Zwiebel, rot oder weiß
Kürbiskernöl

Zwiebel in sehr feine Ringe schneiden und einige Minuten rasten lassen. Dann mit Essig (z.B. Apfelessig) beträufeln und ziehen lassen.

Rote Rüben in ganz dünne Scheiben schneiden (das geht sehr gut mit einer Wurstmaschine, wer so etwas hat) und auf einem Teller kreisförmig, leicht überlappend anrichten. Salzen und pfeffern.

Aus Kürbiskernöl, Apfelessig, Salz und Pfeffer eine Salatsauce rühren und Vogerlsalat und Käferbohnen damit marinieren.

Salat auf den roten Rüben verteilen und mit den Zwiebelringen garnieren.

Dieses Rezept entspricht der Faustformel.

Sowohl Eiweiß als auch stärkehaltige Kohlenhydrate werden hier von den Bohnen geliefert. Um die Eiweißwertigkeit zu erhöhen, sollte man an diesem Tag zu einer anderen Mahlzeit ein wenig Getreide (Brot, Nudeln ...) essen.

HOTEL VIERJAHRESZEITEN

Therme Loipersdorf

Therme Loipersdorf

Eingebettet in eine sanft hügelige Landschaft, umgeben vom zarten Duft der umliegenden Obstbäume liegt die Therme Loipersdorf inmitten der steirischen Thermenregion. Die malerische Umgebung lädt nicht nur zu Aktivitäten an der frischen Luft ein, sondern weckt auch die Lust auf kulinarische Entdeckungstouren.

Der berühmte steirische Wein gedeiht in dieser sonnenreichen Region besonders gut und kann in den umliegenden Vinotheken, aber auch in den Buschenschenken verkostet werden. Der »Weinweg der Sinne« in St. Anna am Aigen lädt auf eine Rundwanderung der besonderen Art ein. Ausflüge entlang der Wein- und Apfelstraße stimmen besonders auf kulinarische Genüsse mit regionalen Schmankerln ein.

Auch das legendäre steirische Kürbiskernöl, diverse Schnäpse, Essig und andere Delikatessen findet man in der Region zur direkten Verkostung oder zum Mit-nach Hause-Nehmen. Die Berghofer Getreide- und Ölmühle, die Schnapsbrennerei und Essigmanufaktur Gölles, die Zotter Schokoladenmanufaktur oder die Greißlerei De Merin präsentieren traditionelle und genussvolle Leckereien.

Hier treffen das Südburgenland, die Südoststeiermark, Ungarn und Slowenien aufeinander. Wir haben uns von allen das Beste ausgesucht! Denn diese Lage birgt tatsächlich Vorteile. Die verschiedenen Einflüsse ergeben eine interessante Mischung, die sich auch im Charakter der Menschen widerspiegelt: Sie treffen hier auf offene, freundliche und gemütliche Menschen, die Sie herzlich willkommen heißen.

Harmonie der Gegensätze

Be- oder Entschleunigung? Erlebnis oder Entspannung? Spaß oder Erholung? Dass die schönste Harmonie durch das Zusammenkommen von Gegensätzen entsteht, wusste bereits der griechische Philosoph Heraklit.

Ein außergewöhnliches und doch ausgewogenes Zusammenspiel aus »Erleben« und »Loslassen« genießt man das ganze Jahr lang in der Therme Loipersdorf. Während sich Erlebnishungrige im neuen Fun Park austoben können, erfahren Ruhesuchende entspannende Stunden in »mein Schaffelbad« – und das alles unter einem Dach!

Basierend auf den drei Säulen »Loslassen«, »Erleben« und »Stärken« wurden im Herbst 2010 die Relaxoase »mein Schaffelbad« sowie der Gastronomiebereich neu gestaltet.

Mit dem neuen Fun Park gibt es jetzt auch ein neues Highlight im Bereich »Erleben«. Das Thermalwasser bietet die Basis für dieses Konzept und ist gleichzeitig das verbindende Element der drei Säulen. Die Summe der im Loipersdorfer Thermalwasser gelösten Stoffe liegt 650% über dem vorgegebenen Wert, den es für die Bezeichnung »Thermalwasser« mindestens braucht! Durch die schonende und aufwendige Aufbereitung des Thermalwassers wird der Urzustand des Wassers nahezu beibehalten.

Das 62° C heiße Thermalwasser wird aus einer Tiefe von 1.100 m gefördert. Mit 7.500 mg gelösten mineralischen Inhaltsstoffen pro Liter ist dieses Wasser eines der am stärksten mineralisierten im südoststeirischen Thermenland, das vor allem die Heilung von Gelenks- und Wirbelsäulenerkrankungen begünstigt.

Die besondere Kombination an Kationen und Anionen ist außerdem förderlich bei Weichteilrheumatismus, Nachbehandlungen von Verletzungen und bei Erschöpfungszuständen. Der hohe Salzgehalt wirkt sich positiv auf den Bewegungsapparat aus und begünstigt somit die Entlastung der Gelenke.

Damit aber nicht genug: Unlängst belegte eine wissenschaftliche Studie die stresslindernde Wirkung des Wassers. Somit ist offiziell bestätigt, dass das Thermalwasser der Therme Loipersdorf zu mehr Wohlbefinden beiträgt.

ERLEBEN im neuen Rutschen- und Wasserspielpark

Seit November 2011 gibt es den abwechslungsreichsten und einzigartigsten Fun Park Österreichs. Mit fünf neuen Rutschen – darunter eine Weltneuheit! – und dem ersten Indoor-Wasserspielpark aus Holz für Kinder wurde hier ein Erlebnisparadies für Groß und Klein geschaffen.

Erleben Sie Panoramarutsche, Wirbelwind, Pfitschipfeil – oder machen Sie ein Wettrennen auf der Carrera-Rutsche – sogar mit Zeitmessung! Natürlich gibt es in der Therme Loipersdorf regelmäßig spektakuläre Events wie die jährliche Loipersdorf Mountainbike Trophy. Aber auch das Dirndlspringen sollte man nicht versäumen. Wer Action will, ist hier richtig!

LOSLASSEN in der Ruheoase »mein Schaffelbad«

»Mein Schaffelbad« bietet eine Wellnessoase mit typisch regionalem Flair. Umgeben von Naturmaterialien und einem eigenen Therapiebereich fällt das Loslassen hier besonders leicht. Sie können zwischen 14 verschiedenen Saunen und gleich vielen Becken wählen – ob mit Blick auf den Teich oder mit verschiedensten duftenden Aufgüssen. Und wem das noch nicht reicht, der begibt sich in die professionellen Hände eines Watsu- oder Massagetherapeuten oder lässt sich mit »Steirasul« einreiben. Oder er entspannt mit einem Buch im gemütlichen Kaminzimmer nebst hauseigener Bibliothek oder im Ruheraum mit extra breiten Komfortliegen – das individuelle Wohlfühlerlebnis wird hier großgeschrieben.

STÄRKEN à la Sasha Walleczek

Wellness bedeutet Genuss. Das kulinarische Wohl darf auch bei einem Thermenbesuch nicht zu kurz kommen – dafür sorgen Küchenchef Ewald Pint und sein Team im Marktrestaurant der Therme Loipersdorf. Gekocht wird mit saisonalen Produkten aus der Region – dieser Grundsatz garantiert maximale Frische und beste Qualität ohne lange Anlieferungs- und Lagerzeiten.

Für ein rundum ausgeglichenes Körpergefühl findet man auf der Speisekarte neben herzhaften Schmankerln auch leichte Vollwertkost nach der Methode von Sasha Walleczek. Zusätzlich ist Sasha Walleczek regelmäßig in der Therme Loipersdorf zu Gast, um den Besuchern in einem Workshop zu zeigen, wie gut ausgewogene Ernährung schmecken kann. Gemeinsam mit der Expertin werden alte Gewohnheiten abgelegt, um einen positiven Lebensweg einzuschlagen.

www.therme.at

LOIPERSDORF

Über Ewald Pint

Ewald Pint ist als Küchenchef im Marktrestaurant der Therme Loipersdorf nicht nur der Meister am Herd, sondern auch der kreative Kopf der Mannschaft. Mit Witz und Charme hält er die Küchencrew im Zaum – und entwickelt so ganz nebenbei auch neue Rezeptideen. Die Vielfältigkeit seiner Kreationen findet man jetzt nicht nur auf der Speisekarte im Marktrestaurant, sondern auch in diesem Kochbuch.

Der Werdegang des sympathischen Steirers startete ganz klassisch mit einer abgeschlossenen Lehrausbildung in Fürstenfeld. Gleich darauf zog es Ewald Pint hinaus in die weite Welt, um sich nicht nur kulinarisch weiterzuentwickeln, sondern auch um die Gastronomie in all ihren Facetten kennenzulernen. Nach seinen Wanderjahren kam der Koch mit dem Sinn für feine Aromen zurück in die schöne Steiermark, um die Gäste der Therme Loipersdorf »einzukochen«. Seit nunmehr 17 Jahren gehört Ewald Pint zum »Thermeninventar« und ist Mitbegründer des Konzepts »Stärken à la Loipersdorf«.

In der Therme Loipersdorf wird besonders viel Wert auf die regionale und saisonale Speisenzubereitung gelegt – Grundsätze, denen sich Ewald Pint auch privat längst verschrieben hat. Dass seit Herbst 2010 bewusste, nährstoffreiche Gerichte auch für den Gast in Loipersdorf erlebbar sind, freut den Koch aus Leidenschaft. Mit dem neuen Konzept ist es nicht nur möglich, die Geschmacksvielfalt unserer Region unter Beweis zu stellen, sondern auch regionale Anbieter und Landwirte zu unterstützen. Schon seit Kindheitstagen wollte Ewald Pint als Koch seine Brötchen verdienen – in der Therme Loipersdorf konnte er schließlich seiner Berufung folgen und kann heute nicht nur handwerkliches, sondern auch kreatives Geschick am Herd beweisen.

Über Sasha Walleczek

Mag. Sasha Walleczek wurde einem größeren Publikum als Host und Moderatorin mehrerer Hauptabendsendungen zum Thema Ernährung des österreichischen Senders ATV bekannt. Von 2006 bis 2008 hat sie in über 80 Hauptabendsendungen rund 100 Kandidaten auf ihrem Weg zum persönlichen Wunschgewicht geholfen. Sasha Walleczek ist diplomierte Ernährungstherapeutin und studierte Betriebswirtschaft an der WU Wien. Sie erhielt ihr Diplom zur Ernährungstherapeutin in London am renommierten Institute for Optimum Nutrition, an dem sie danach auch unterrichtete.

Neben ihrer Tätigkeit als Moderatorin und Autorin hält sie in ganz Österreich Vorträge und Workshops zu den verschiedensten Ernährungsthemen wie »Essen gegen Stress – Optimale Ernährung für den Arbeitsalltag« oder »Die Walleczek-Methode – Ohne Diät zum Wunschgewicht«. Sie wird immer wieder auch von Unternehmen für Mitarbeiter- oder Kundenveranstaltungen als Vortragende gebucht oder tritt als Expertin bei Symposien oder Branchentreffs auf.

Die Walleczek-Methode gibt es in dieser Form seit 2006. Sie wurde ausgehend von Sasha Walleczeks Ausbildung zur Ernährungstherapeutin 2006 ursprünglich für die Kandidaten der TV-Sendungen entwickelt. Das Ernährungsprogramm wurde so erfolgreich, dass daraus mehrere Bücher entstanden sind. Sasha Walleczek ist Autorin von bereits fünf Büchern sowie zwei Hörbüchern, die allesamt Bestseller und mehrfach preisgekrönt wurden.
Die gebürtige Tirolerin (* 1968 in Kitzbühel) lebt heute mit Hühnern, Pferd, Hund und Katze in der Südsteiermark.

Bücher/CDs:
»Die Walleczek-Methode – Ohne Diät zum Wunschgewicht« (2007)
»Die Walleczek-Methode: Das Kochbuch« (2008)
»Die Walleczek-Methode für Ihr Kind – Richtig essen leicht gemacht« (2009)
»Die Walleczek-Methode – Das 4-Wochen-Programm Frühjahr/Sommer«, Audio-CD (2010)
»Schlank und fit durch den Herbst und Winter«, Audio-CD (2010)
»Schlank mit der Faustformel: Der 4-Wochen-Power-Plan« (2011)

Auszeichnungen:
Buchliebling 2008: 1. Platz Sachbuch Gesundheit und Wellness
Buchliebling 2009: 1. Platz Sachbuch Gesundheit und Wellness
Buchliebling 2009: 1. Platz beliebtestes Kochbuch
Buchliebling 2009: 3. Platz Autorin des Jahres
2010: Goldstatus (»Goldene Schallplatte«) für »Die Walleczek-Methode – Das 4-Wochen-Programm Frühjahr/Sommer«

www.walleczek.at
www.dieWmethode.com
www.facebook.com/sashawalleczek

Glossar

Typisch österreichische Küchenfachausdrücke

Österreichisch	**Deutsch**
Eierschwammerln	Pfifferlinge
faschieren	fein hacken (zu Hackfleisch verarbeiten)
Faschiertes	Hackfleisch
Fisolen	grüne Bohnen
Fleckerln	kurze Bandnudeln
gelbe Rübe	Möhre oder gelbe Rübe mit hellgelber Farbe
gestückelte Tomaten	Pizzatomaten
Hendl	Hühnchen, Hähnchen
Karotte	Möhre, Mohrrübe, gelbe Rübe (orange Farbe)
Kohlsprossen	Rosenkohl
Krenwurzel	Meerrettich
Lauch	Porree
Melanzani	Aubergine
Petersilwurzel	Wurzelpetersilie
Rindsfaschiertes	Rinderhack
Rote Rüben	Rote Bete
Rucola	Rucola, Rauke
Schlagobers	Sahne
Sulz	Sülze, Aspik
Vogerlsalat	Feldsalat
Weckerl	Brötchen
Weißkraut	(Weiß-)Kohl

Rezepteverzeichnis

Dank

Bei jedem Buchprojekt gibt es zwar Phasen, in denen man tagelang allein vor sich hinschreibt, aber jedes Buch ist auch Teamarbeit – und dieses Buch mehr als alle meine anderen Bücher zuvor. Mein größter Dank gilt meinem genialen Partner Ewald Pint – seine Kreativität und sein Geschmack spiegeln sich in den Rezepten wider, die schon die Kursteilnehmer in Loipersdorf begeistert haben.

Was wäre ein Kochbuch ohne die Fotos, die so richtig Lust aufs Kochen machen? Julia Grandegger hat wieder einmal nicht nur Ewald und mich, sondern das Wichtigste – das Essen! – schön aussehen lassen. Und die wunderschöne grafische Umsetzung von Ursula Kothgasser macht dann so richtig Lust aufs Kochen (und Essen!). Vielen Dank dafür!

Danke an das ganze Team der Therme Loipersdorf, ohne das die Kurse kein solcher Erfolg wären und ohne das dieses Buch nie entstanden wäre – es sind zu viele, um hier alle zu nennen, aber neben dem Küchenteam um Ewald Pint natürlich auch stellvertretend für das ganze Loipersdorf-Team: danke an Wolfgang Wieser, Andrea Rachbauer, Melanie Almer, Liesa Rath und Mark Tauss.

Ein Buch zu schreiben, sogar wenn man es im Team macht, ist manchmal eine einsame Sache. Man schlägt sich wieder einmal die Nächte um die Ohren, berechnet Rezepte nach oder überarbeitet Texte. Ich kann dabei immer auf die Unterstützung meiner Familie zählen, wofür ich unglaublich dankbar bin. Auch meine »neue« Familie in der Steiermark darf nicht unerwähnt bleiben: Melanie Maier (und natürlich Nina und Reinhold), Monika Fröhlich-Raaber, Martina Jäger und die anderen »Mädls« vom RC Jagerberg – danke, dass ihr mich immer so unterstützt und immer für mich und meine Tiere oder Probleme da seid!

Mein Dank gilt auch den »Fotofreiwilligen« – Christine Zeppek, Julia Sagovec, Christoph Resler und Hans-Jürgen Spörk –, die spontan einen Samstagvormittag für dieses Projekt geopfert haben!

Und nicht zuletzt: Dank an das Team vom Ueberreuter Verlag!